Briefe
für echt schwierige
Anlässe

Eberhard Heuel

Briefe
für echt schwierige
Anlässe

Die richtigen Worte
für heikle Themen

Weltbild

Inhalt

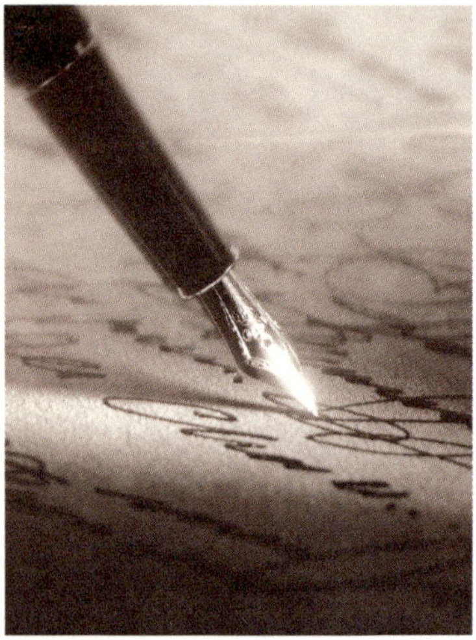

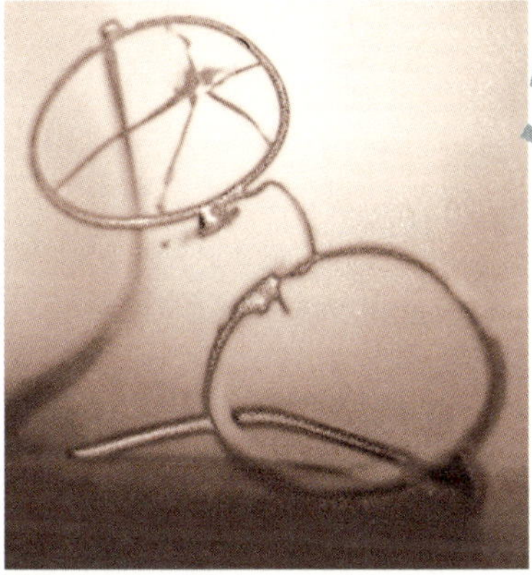

53

Wie Entschuldigungen und Ausreden aussehen

73

Wie Beschwerden und Reklamationen aussehen

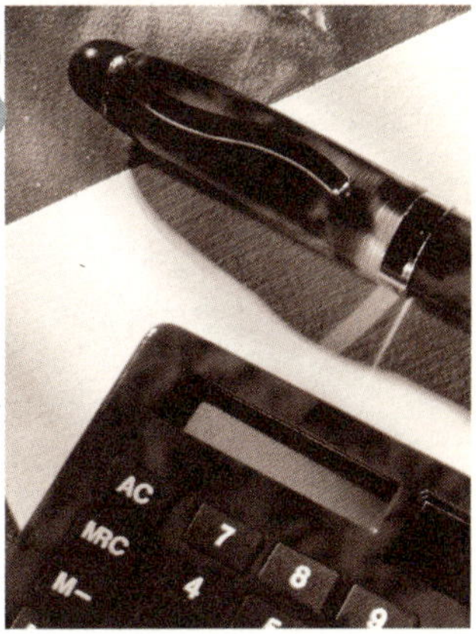

95

Wenn es um Miet-angelegenheiten geht

109

Bei Problemen in der Nachbarschaft

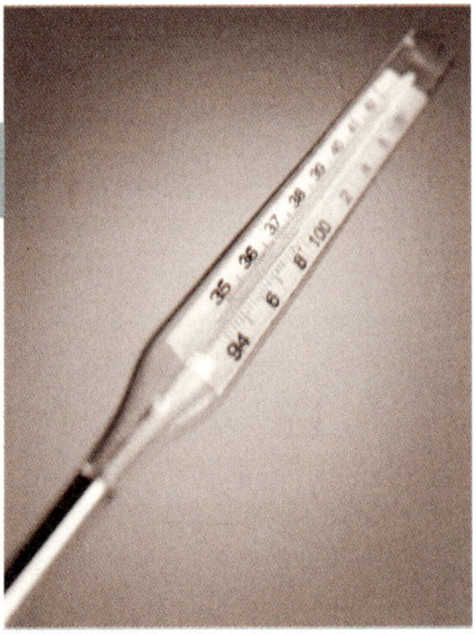

131

Briefe an kranke und von kranken Menschen

149

Wie Sie Ihr Beileid ausdrücken

175
Bei Problemsituationen in der Familie

201
Über Liebe und Zuneigung

219
Über Freundschaft und Kontaktaufnahme

Die richtigen Worte finden

Ein Brief hat gegenüber dem Gespräch den Vorteil, dass die Worte in Ruhe und mit Bedacht gewählt werden können. Gerade schwierige Anlässe erfordern ein besonderes Fingerspitzengefühl und vor allem eins: Zeit.

Briefe zu schreiben fällt den meisten Menschen nicht leicht. Was am Telefon oder im direkten Gespräch meistens mühelos zu sagen ist, lässt sich nur mit großen Schwierigkeiten schwarz auf weiß aufs Papier bringen. Wer kennt nicht die Schreibblockade vor einem leeren Briefbogen und am Ende die Flucht in abgegriffene, ausgestanzte Formeln und Floskeln…

Die Schwierigkeit, seine Gedanken in Worte zu fassen, beginnt bereits bei relativ einfachen, alltäglichen Schreibanlässen wie der Glückwunsch zu Geburt oder Hochzeit, die Einladung zum Grillabend oder der Dank für ein Geschenk zur Konfirmation. Umso mehr gilt diese Erfahrung für besondere Situationen, in denen Gefühle berührt sind oder Probleme erörtert werden. Anlass zu derart schwierigen Briefen geben vor allem menschliche Grundsituationen wie Tod, Krankheit, Liebe und Freundschaft. Kaum weniger leicht fällt es den meisten Menschen, persönlichen Dank, Bitten oder enttäuschte Erwartungen auszudrücken oder Mitteilung zu machen über kritische Lebensentscheidungen. Doch so schwierig es auch sein mag, gerade in solchen Briefen sollte man unbedingt den treffenden Ausdruck, den angemessenen Stil und den richtigen Ton finden.

Dieses Buch will Anregungen und Hilfestellung geben, wie solche schwierigen persönlichen Schreibanlässe zu bewältigen sind. Es enthält eine große Anzahl von Musterbriefen zu Themen, vor denen die meisten Menschen Scheu haben und die das Schreiben oft zur Qual machen. Diese Briefe sind selbstverständlich nicht als Kopiervorlagen gedacht, denn gerade sensible Briefanlässe fordern einen individuellen, persönlichen Zugriff. Doch geben diese Briefe eine Fülle von Argumentationshilfen, sie zeigen sinnvolle Gliederungsmuster und stimmen auf den richtigen Ton und die angemessene Stilebene bei schwierigen Themen ein.

Zu verschiedenen Themenbereichen finden Sie außerdem allgemeine Hinweise, die Sie beim Schreiben Ihres Briefes beachten sollten. Was gehört beispielsweise in einen solchen Brief und was nicht, wie erreiche ich am besten meinen Adressaten, und vor allem: wie überwinde ich meine eigene Schreibhemmung? Schwierige Briefe zu

Die äußere Form eines Briefes

Einen privaten Brief können Sie frei nach Ihren Vorstellungen gestalten. Hat der Brief einen offizielleren Charakter, sollte man einige Regeln beachten:

- Das übliche Briefformat ist DIN A4 (210 x 297 cm).
- Achten Sie, wenn Sie den Brief auf dem PC schreiben, auf gute Lesbarkeit der ausgewählten Schrift. Sie sollte mindestens 10 Punkt, besser 12 Punkt groß sein.
- Den Absender setzt man oben links an den Briefanfang.
- Darunter folgt mit etwas Abstand die Anschrift des Adressaten. Sie gliedert sich folgendermaßen:
  Empfängerbezeichnung (gegebenenfalls mehrere Zeilen)
  Postfach mit Nummer oder Straße mit Hausnummer
  Postleitzahl, Bestimmungsort
- Zum Datum: Sie können die ausgeschriebene Form verwenden, also z. B. 8. Februar 2000. Oder Sie schreiben das Datum als Zahlenkette in der Reihenfolge Tag.Monat.Jahr, also z. B. 08.02.2000. Beachten Sie, dass bei letzterer Form Tag und Monat zweistellig geschrieben werden. Einstellige Ziffern werden durch eine Null ergänzt (z. B. 02 für Februar). Setzen Sie das Datum auf Höhe der ersten Zeile an den rechten Rand des Briefes.

schreiben, sollte mit Hilfe dieses Buches tatsächlich jedem leichter fallen!

Wenn Sie Anregungen und Musterbeispiele für jede Art von Schreibanlass wünschen, auch für Geschäftsbriefe und fremdsprachige Briefe, möchte ich Sie schließlich auf meinen umfassenden Ratgeber »Der gute Brief« verweisen, der wie dieses Buch im Weltbild Verlag erschienen ist.

Haben Sie, lieber Leser, Fragen, Kritik oder Anregungen zu diesem Buch? Dann schreiben Sie mir – Verlag und Autor freuen sich über jede Rückmeldung!

Eberhard Heuel

In heiklen Situationen ist es besonders wichtig, die passenden Worte zu finden.

Wie Sie eine Bitte oder einen Wunsch äußern

Niemand fühlt sich so recht wohl in der Rolle des Bittstellers. Wir haben eine natürliche Scheu davor, andere Menschen um ihre persönliche Unterstützung und Hilfe zu bitten. Da spielt die Sorge eine Rolle, sie könnten unser Ansinnen als Zumutung empfinden, und womöglich fürchten wir die Demütigung, zurückgewiesen zu werden. Es braucht also ein wenig Mut, eine Bitte oder einen Wunsch zu äußern, sofern es um mehr geht als um eine einfache Handreichung oder um eine banale Nebensächlichkeit.

Ein Brief gibt am ehesten die Gelegenheit, das eigene Anliegen richtig einzukleiden und angemessene Formulierungen zu finden. Nehmen Sie sich Zeit für einen »Wunschbrief«. Finden Sie Wörter und Sätze, die Wirkung erzielen können und ihren Adressaten erreichen und überzeugen. Wörter und Sätze, die nicht zu fordernd sind und die Entscheidungsfreiheit des anderen respektieren. Dazu gehört auch sein selbstverständliches Recht, diese Bitte abzuschlagen.

Auch wenn Ihnen Ihr Anliegen sehr wichtig und dringlich erscheint, sollten Sie den Adressaten keinem Erwartungsdruck aussetzen.

Stichworte für die inhaltliche Gestaltung

- Freundliche, verbindliche Anrede
- Verweis auf die Art des Verhältnisses zwischen Absender und Empfänger – Nähe oder relative Nähe, die diesen Brief möglich macht
- Beschreibung des Anliegens
- Eindringliche Formulierung der konkreten Bitte
- Betonung der großen Bedeutung, die eine Erfüllung dieser Bitte hätte; Dankbarkeit
- Rhetorische Öffnung: kein Erwartungsdruck gegenüber dem Empfänger
- Herzliche Grüße

Wenn Sie um Hilfe bitten

Die folgenden Briefe sind Beispiele für verschiedene Anlässe, bei denen Sie eine persönliche Bitte vortragen. Die Erfüllung oder Nichterfüllung hängt hier ganz vom Willen und den Möglichkeiten des Adressaten ab. Entsprechend eindringlich wird die persönliche Situation erklärt, die einen zu diesem Schritt veranlasst. Suchen Sie Formulierungen, die zugleich auf Demutsgesten verzichten und mit denen Sie durchaus selbstbewusst und nachdrücklich die eigene Position vertreten.

✉ **Bitte um Referenz – Seite 13**
✉ **Bitte um Hilfe bei Lehrstellensuche – Seite 14**
✉ **Bitte um finanzielle Hilfe – Seite 16**
✉ **Bitte um Unterstützung zwischen Freunden – Seite 18**

Wenn Sie ein Anliegen haben

Wenn Sie etwas durchsetzen wollen, müssen Sie klar und deutlich Ihre Wünsche oder Vorstellungen zum Ausdruck bringen.

Daneben gibt es Anlässe, bei denen wir einen berechtigten Anspruch, eine Forderung oder einen Vorschlag in die höflichere Form einer Bitte kleiden, letztlich »verkleiden«. In diesen Fällen ist der sprachliche Ausdruck bestimmter und direkter. Hier haben wir präzise Erwartungen an den Empfänger und dürfen davon ausgehen, dass er sie erfüllen wird. Im letzten Fall, der Ankündigung eines Besuches, ist auch ein Antwortschreiben hinzugefügt, in dem eine Bitte freundlich, aber bestimmt zurückgewiesen wird.

Orientieren Sie sich an Beispielbriefen zu folgenden Anlässen:

✉ **Bitte an Schulleitung um Intervention – Seite 19**
✉ **Bitte an Eltern um Einflussnahme auf Kinder – Seite 20**
✉ **Bitte um familiäre Unterstützung – Seite 22**
✉ **Ankündigung eines Besuchs – Seite 24**
✉ **Absage eines angekündigten Besuchs – Seite 25**

Jens Glauser
Mariannenstr. 5
87234 Klausberg

10. September 200X

Herrn
Manfred Lorentz
Warburg GmbH
53768 Torheim

Bitte um Referenz

Sehr geehrter Herr Lorentz,

das Projekt *Eurosoft* ist erfolgreich abgeschlossen und mittlerweile abgenommen.

Im Verlauf des Projekts haben Sie mir mehrfach signalisiert, dass Sie mit meiner Arbeit sehr zufrieden waren. Darf ich auf Ihre Unterstützung bei meinen zukünftigen Akquise- oder Bewerbungsaktivitäten rechnen? Ich möchte Sie gerne als Referenzadresse nennen dürfen.

Bitte geben Sie mir eine kurze Nachricht, wenn Sie meine Bitte erfüllen können.

Mit freundlichen Grüßen

Jens Glauser

Hans-Werner Rieffer 12. Mai 200X
Marbacher Weg 35
75544 Limmert

Herrn
Dr. Walther Kammer
Leukert AG
Senneholzplatz 2
75456 Pfahlingen

Sehr geehrter Herr Dr. Kammer,

seit vielen Jahren kennen und schätzen wir uns. Im Vertrauen auf die freundliche Aufgeschlossenheit, mit der wir uns immer begegnet sind, wende ich mich heute an Sie mit einem persönlichen Anliegen.

Sie wissen, dass ich drei Söhne habe. Der älteste von ihnen, Gregor, steht nun vor dem Ende seiner Schullaufbahn und wird im nächsten Monat die Realschule abschließen. Sein Berufsziel ist es, Informatikkaufmann zu werden oder – falls dies nicht möglich ist – einen Ausbildungsberuf zu erlernen, der technische und kaufmännische Qualifikationen verbindet.

Alle Versuche, für Gregor eine passende Lehrstelle zu finden, sind aber bis heute gescheitert. Er hat in diesen letzten Monaten etwa 50 Bewerbungen geschrieben, von denen keine erfolgreich war, obwohl er gute schulische Leistungen nachweisen kann und am Computer echte Hacker-Qualitäten entwickelt. Das alles hat überhaupt nichts genutzt, da die Zahl offener Lehrstellen gerade in diesem Berufsfeld nicht annähernd bedarfsdeckend ist.

Mein Sohn hat also immer noch keinen Ausbildungsplatz, und ich bin, wie Sie sich vorstellen können, außerordentlich beunruhigt. Wie jeder Vater möchte ich selbstverständlich meinem Sohn die bestmögliche Berufsausbildung sichern.

Deshalb wende ich mich heute an Sie mit der Bitte eines besorgten Vaters. Wären Sie bereit, in Ihrem Unternehmen an geeigneter Stelle zu überprüfen, ob Ausbildungsmöglichkeiten in technisch-kaufmännischen Berufen bestehen und ob mein Sohn eine Chance erhalten kann? Ich möchte Sie freundlich bitten, sich in diesem Fall für meinen Sohn zu verwenden. Natürlich bin ich Realist genug, um keine Wunder zu erwarten. Aber ich möchte doch nichts unversucht lassen, um meinem Sohn den Weg zu einem qualifizierten Beruf zu öffnen. Ihre Hilfe würde Gregor aus einer wirklich bedrückenden Situation befreien und mich selbst zu großer Dankbarkeit verpflichten.

Ich hoffe auf Ihr Verständnis und Ihre Unterstützung.

Mit freundlichen Grüßen

Hans-Werner Rieffer

3. Juli 200X

Lieber Markus,

es ist nicht dein Geburtstag, und es ist nicht Neujahr, und doch erhältst du einen Brief von mir. Es gibt dafür einen besonderen Anlass, der leider nicht sehr erfreulich ist.

Du weißt ja, dass ich vor drei Jahren das Haus, in dem ich wohne und meine Agentur betreibe, gekauft habe. Der Preis, den ich zahlen musste, war relativ günstig, und es wäre dumm gewesen, das Kaufangebot nicht anzunehmen. Allerdings zahle ich seitdem monatlich einen hohen vierstelligen Betrag für Hypothekenzinsen und -tilgung. Das Finanzierungsmodell, das ich seinerzeit mit meiner Hausbank vereinbart habe, war solide ausgearbeitet und schien angesichts sehr guter geschäftlicher Perspektiven weitgehend risikofrei. Leider haben sich seit Ende des letzten Jahres die Dinge weitaus weniger günstig entwickelt als erwartet. Vor allem hat mir der Konkurs meines besten Kunden zu schaffen gemacht. Ich bin im Moment sehr aktiv, wieder neue Kunden zu akquirieren, aber das braucht erfahrungsgemäß ein halbes Jahr Vorlaufzeit. Zur Zeit mangelt es an Aufträgen.

Da meine finanziellen Reserven mittlerweile aufgebraucht sind und auch der Kreditrahmen bei meiner Bank ausgeschöpft ist, wird der Verlust meines Hauses zur realen Bedrohung. Ich benötige dringend eine finanzielle Spritze, um die laufenden Zinszahlungen leisten zu können und die Bank zu beruhigen. Falls ich hier nicht sehr schnell Liquidität nachweise, werde ich das Haus wohl verlieren und im nächsten Jahr ohne private und berufliche Bleibe sein. Dieser Gedanke aber ist furchtbar für mich. Nicht nur, weil ich dieses Haus liebe und mich dort wohl und heimisch fühle, sondern auch, weil es der Standort meiner Agentur ist und sein Verlust zugleich das Scheitern meiner beruflichen Pläne ausdrücken würde.

Ich bitte dich um deine Unterstützung. Womöglich ist es nicht sehr klug, eine gute Freundschaft durch finanzielle Dinge zu belasten. Ich selbst hätte in ruhigeren Zeiten davor gewarnt. Jetzt aber, wo ich eine wirtschaftliche Notsituation in ihrer ganzen existenziellen Bedrängnis erlebe und erleide, hat sich meine Perspektive geändert.

Lieber Markus, ich bitte dich also um einen kurzfristigen Privatkredit, der mir über die nächsten Monate hinweghilft. Ich gehe davon aus, dass sich zum Jahreswechsel die Auftragslage meiner Agentur und das Umsatzziel deutlich verbessern werden und ich ab dann finanziell wieder auf eigenen Füßen stehen kann. Ich denke an einen Kredit von DM 30.000,– über ein Jahr. Welche Sicherheiten ich dir dafür geben könnte, darüber wäre noch zu sprechen. Zunächst aber bitte ich dich um eine Aussage, ob du grundsätzlich bereit und in der Lage bist, mich finanziell zu unterstützen.
Natürlich hoffe ich auf eine positive Antwort. Aber auch wenn deine Reaktion negativ sein sollte, sehe ich damit unsere Freundschaft nicht berührt. Es gibt ja, wie gesagt, gute Gründe, Geld und Freundschaft auseinander zu halten.

Bitte antworte mir bald!

Dein Sven

15. März 200X

Liebe Silvia, lieber Juan,

wir schicken euch herzliche Grüße von Eltern zu Eltern. Wahrscheinlich seid ihr in ähnlicher Weise wie wir vollkommen okkupiert von den kleinen Monstern. Bei uns ist im wahrsten Sinne des Wortes kein Halten mehr, seit auch unsere Jüngste laufen kann.

Wir haben einen kleinen Anschlag auf euch vor, der so schlimm gar nicht ist, weil er uns allen nur Vorteile bringen könnte. Bei allem Spaß am Hegen und Pflegen unserer Kinder haben wir bemerkt, dass es uns und unserer Ehe ganz gut täte, einmal wieder herauszukommen aus der täglichen Mühle und für uns allein Urlaub zu machen.

Wir können uns gut vorstellen, dass es euch ähnlich wie uns geht und dass auch ihr in absehbarer Zeit oder in der Zukunft Urlaub vom Kinderalltag machen wollt. Lasst uns dabei gegenseitig unterstützen, indem wir jeweils für zwei oder drei Wochen die Kinder der anderen in unsere Obhut nehmen. Die Rahmenbedingungen sind doch eigentlich ideal, schließlich sind unsere Kinder im selben Alter.

Wenn ihr euch eine solche Urlaubsregelung zu wechselseitigem Nutzen vorstellen könnt, sollten wir sehr schnell zu konkreten Planungen kommen.

Meldet euch bald, und seid herzlich gegrüßt

Lena und Robert

Sigrid und Wolfhard Teipler 22.11.200X
Canisiusstr. 72
74477 Kaufbronn

Herrn Schuldirektor Georg Becker
Westend-Schule
Rathenaustr. 65
74475 Kaufbronn

Sehr geehrter Herr Becker,

seit etwa zwei Wochen klagt unsere Tochter Katharina, die in die Klasse 5b geht, über fortgesetzte Belästigungen durch eine Gruppe von Schülern der 7. Jahrgangsstufe. Diese Belästigungen haben einen offenbar sehr aggressiven Charakter und reichen von hämischen Zurufen bis zu tätlichen Übergriffen auf dem Schulhof und in den Schulkorridoren. Unsere Tochter ist mittlerweile so verängstigt, dass sie morgens nur noch widerstrebend zur Schule geht.

Wir möchten Sie dringend bitten, diesen Vorfällen nachzugehen. Es liegt sicher auch in Ihrem Interesse, dass solche gezielten Aggressionen, die sich offenbar nicht nur gegen unsere Tochter, sondern auch gegen andere jüngere Schüler der Westend-Schule richten, umgehend eingestellt werden. Selbstverständlich stehen wir jederzeit zu einem Gesprächstermin zur Verfügung.

Mit freundlichen Grüßen

Sigrid und Wolfhard Teipler

Raimund Schöller
Corneliusstr. 71
10876 Berlin

1. Dezember 200X

Herrn und Frau
Medanow
Fahrstr. 39
10875 Berlin

Sehr geehrte Frau Medanow, sehr geehrter Herr Medanow,

mein Name wird Ihnen wahrscheinlich bekannt sein – ich bin der Vater von Carsten, der mit Ihrem Sohn Mirko zur Schule geht und mit ihm befreundet ist. Um unsere beiden Kinder geht es mir auch in meinem Brief. Ich schreibe Ihnen heute als besorgter Vater.

Seit längerem beobachte ich bei Carsten eine verstärkte Aggressivität. Das äußert sich in seiner Art zu sprechen und in seiner Vorliebe für militärische Kleidung, das zeigt sich aber vor allem in seinem sozialen Verhalten auf der Straße und in der Schule. Er droht anderen Jugendlichen mit körperlicher Gewalt und wendet sie auch an. Er hat sich angewöhnt, bei Konflikten Öl ins Feuer zu gießen, statt sie zu schlichten. Carsten scheint plötzlich »rambo-artige« Vorbilder zu haben und stellt sein eigenes Verhalten immer mehr darauf ein.

Dabei ist er nicht allein, und an diesem Punkt richte ich mich an Sie. Carsten lebt seine Gewaltbereitschaft zusammen mit seinem Freund, mit Mirko, aus. Sie bilden eine feste Einheit, reden genauso, kleiden sich ähnlich und treiben sich gegenseitig an, wenn es um aggressive Übergriffe geht. Es handelt sich bei dieser Einschätzung nicht nur um meine persönliche Wahrnehmung, sondern auch um die der Klassenlehrerin von Mirko und Carsten, mit der ich mich gestern zu einem längeren Gespräch getroffen habe. Ich gehe davon aus, dass auch Sie entsprechende Beobachtungen gemacht haben und womöglich in ähnlicher Weise alarmiert und beunruhigt sind.

Angesichts der gefährlichen Entwicklung, die unsere Söhne zur Zeit gemeinsam durchlaufen, bitte ich Sie um ein gemeinsames Vorgehen, um unserer Verantwortung als Eltern gerecht zu werden. Ich bin davon überzeugt, dass der erste Schritt zu einer Verhaltensänderung der beiden nur sein kann, sie voneinander zu trennen und die wechselseitige Beeinflussung zurückzudrängen. Natürlich weiß ich, wie schwierig es ist, in eine bestehende Freundschaft einzugreifen, aber ich glaube, es gibt keine Alternative dazu.

Ich möchte mich gerne mit Ihnen treffen, um die Situation ausführlicher zu diskutieren und geeignete Vorgehensweisen miteinander abzustimmen. Bitte geben Sie mir ein positives Signal, dass Sie zu einem gemeinsamen Vorgehen im Interesse unserer Kinder bereit sind.

Mit freundlichen Grüßen

Raimund Schöller

15. August 200X

Liebe Gonhild, lieber Schorsch,

dieser Brief geht textgleich an beide von euch, ist es doch dasselbe Anliegen, das mich zu meinem Schreiben bewegt.

Es ist nun fast zwei Jahre her, dass wir unsere Mutter ins Pflegeheim in Ahlberg einquartieren mussten. Ihr Gesundheitszustand war ja damals so schlecht geworden, dass wir zu Hause keine Möglichkeit mehr hatten, sie angemessen zu versorgen. Mutter hatte in den Jahren zuvor in unserem Haus gelebt, und Olaf und ich fühlten und fühlen uns daher weiterhin in besonderer Weise für sie verantwortlich. Wir haben Mutter daher in den letzten zwei Jahren fast an jedem Wochenende zu uns geholt, um sie die Wärme von Personen spüren zu lassen, die ihr nahe stehen. Das Zusammensein mit ihr ist nicht einfach, wie ihr wisst. Ihre Krankheit ist weit fortgeschritten, und es gibt nur noch wenige Momente, wo sie Personen und Dinge richtig erkennt und zuordnet. Aber sie ist angstfrei, wenn sie mit der Familie zusammen ist.

So wichtig für Mutter diese Fürsorge von Seiten der Familie ist, so sehr ist es doch für uns, also für Olaf, die Kinder und mich, eine große Last. Wir arbeiten alle die Woche über hart, und es fehlen uns nun seit langem die Samstage und Sonntage als Zeit des Ausgleichs und der Erholung. Nach diesen letzten zwei Jahren sind wir einfach körperlich und psychisch ausgelaugt und brauchen dringend eine Veränderung der Situation, die uns wieder zu einem »normalen« Familienleben verhilft.

Ihr Geschwister wart in all diesen Jahren fast vollständig entlastet von Pflegeleistungen für unsere Mutter. Tatsächlich seid ihr ja räumlich sehr fern, und dann ist es eben auch zu einer familiären Selbstverständlichkeit geworden, dass wir es sind, die die Hauptsorge für Mutter tragen. Ich möchte mit euch gemeinsam über eine Veränderung dieser Situation nachdenken, denn so, wie es ist, kann es nicht weitergehen. Wir brauchen Entlastung, und das kann nach Lage der Dinge nur heißen, dass ihr stärker als bisher in die Verantwortung für unsere Mutter eintretet. Auch die räumliche Entfernung darf dafür kein Hindernisgrund mehr sein!

Ich stelle mir vor, dass wir gemeinsam eine Vereinbarung treffen über eine turnusmäßige Verteilung der Wochenenden, an denen wir jeweils vor Ort für Mutter da sind. Das muss nicht unbedingt bedeuten, dass jeder von uns in derselben Weise aktiv sein wird. Aber es sollte doch zu einer gerechteren Verteilung von Lasten kommen.

Wir müssen uns dringend zu diesem Thema zusammensetzen, sehr dringend! Mein Terminvorschlag ist das zweite Septemberwochenende, hier bei uns. Gebt mir bitte bald Nachricht, ob ihr einverstanden seid.

Seid herzlich gegrüßt

eure Vera

Lucia und Holger Köster
Kornblumenweg 14
10235 Berlin

26. September 200X

Herrn und Frau
Markus und Toni Schnitzler
Am Fildermoor 6
62955 Langen

Liebe Schnitzlers,

es ist viel Zeit vergangen seit unserem Treffen hier in Berlin. Dabei haben wir seinerzeit einen baldigen Besuch bei Ihnen in Langen ins Auge gefasst. Wir möchten Sie gerne einmal wieder sehen und machen jetzt einfach Nägel mit Köpfen.

Was halten Sie davon, wenn wir am 15. Oktober zu einem Besuch bei Ihnen eintreffen? Wir sind ab 12. Oktober ganz in Ihrer Nähe, auf der Buchmesse in Frankfurt. Ab Freitagabend haben wir Zeit. Wir könnten also das Wochenende miteinander verbringen.

Wir hoffen auf eine positive Antwort von Ihrer Seite. In Vorfreude auf ein Wiedersehen und ein fröhliches gemeinsames Wochenende grüßen Sie

Lucia und Holger Köster

Markus und Toni Schnitzler
Am Fildermoor 6
62955 Langen

1. Oktober 200X

Lucia und Holger Köster
Kornblumenweg 14
10235 Berlin

Liebe Kösters,

wir haben uns so auf Ihren Besuch gefreut, der ja seit langem verabredet war. Doch jetzt, wo Ihre Ankündigung eintrifft und Sie Zeitraum und Datum nennen, da stellen wir zu unserem größten Bedauern fest, dass es zu dieser Zeit nicht geht. Wir haben eine feste Verabredung mit unserem Neffen, der uns Mitte Oktober mit seiner Familie besuchen wird, und können nicht mehr umdisponieren. Bitte haben Sie dafür Verständnis!

Aufgeschoben ist ja nicht aufgehoben. Was halten Sie von einem Besuch Mitte oder Ende November? Wir sind auf jeden Fall »frei« und würden uns herzlich freuen, Sie in unseren vier Wänden begrüßen zu können!

Mit herzlichen Grüßen
Ihre

Toni und Markus Schnitzler

Die schriftliche Form des Dankes

Ist es tatsächlich ein schwieriger Briefanlass, wenn man schlicht »Dankeschön« sagen will? Fällt es schwer, danke zu sagen? Ich glaube: ja! Das gilt zumindest dann, wenn es um mehr geht als um einen einfachen Dankesgruß für eine Einladung, für einen Glückwunsch oder für ein Geschenk. Für diese Gelegenheiten gibt es ausreichend konventionelle Sprachformen.

Je nach Anlass können Sie durchaus zu vorgefertigten Grußkarten greifen.

Anders steht es allerdings um die besonderen, herausgehobenen Erfahrungen mit Menschen, die uns zu Dank verpflichten. Das können persönlich beeindruckende Gesten und Hilfestellungen sein, ein überdurchschnittlicher Einsatz oder eine lebensrettende Tat, schließlich auch die langjährige prägende Kraft eines Menschen. In diesen und vielen anderen Fällen ist es angemessen oder auch zwingend, einer Person in entsprechender Weise zu danken. Zu diesem Zweck sollten Sie einen ganz persönlichen, auf die konkrete Erfahrung bezogenen Brief schreiben.

In einem derartigen Brief müssen das Verdienst des Adressaten, die Art seines Einsatzes und dessen besondere Qualität gebührend gewürdigt werden. Sie sollten dann glaubwürdig das Gefühl von Dankbarkeit und Verpflichtung ausdrücken. Vermeiden Sie in jedem Fall pathetische Floskeln.

Stichworte für die inhaltliche Gestaltung

Auf vorgestanzte Formeln sollten Sie verzichten. Sie wirken aufgesetzt und übertrieben. Echte Dankbarkeit drückt sich in Worten aus, die von Herzen kommen.

- Ausdruck von Dankbarkeit, Zuwendung und Freude
- Positive Darstellung und Würdigung der Leistung, der Hilfe oder des »Lebenswerks«, für das man dankt
- Verpflichtungserklärung, z.B. auch als Angebot für eigene Hilfestellungen in der Zukunft
- Gute Wünsche und Grußformel

Dank für Hilfeleistungen

Sicher ist die Hilfe des Nachbarn beim Obstpflücken keine Anlass, um sich schriftlich zu bedanken. Aber viele Hilfeleistungen von Freunden, Verwandten oder Bekannten sind einen Dankesbrief wert.

Die schriftliche Form des »Danke«-Sagens ist angesagt, wenn es sich um eine Hilfeleistung von größerem Gewicht handelt. Beispielsweise dann, wenn Ihre Tochter oder Ihr Sohn durch Vermittlung eines Bekannten eine Lehrstelle bekommen hat. Bedanken Sie sich schriftlich auch für eine nette Geste oder einen guten Tipp. Manche Hilfeleistungen sind von unschätzbarem Wert für die betroffene Person: wenn es um die Rettung aus akuter Lebensgefahr oder aus einer bedrohlichen Situation geht. Oft setzt eine solche tätige Hilfe zudem ein hohes Maß an Mut und Opferbereitschaft aufseiten des Helfers voraus. Ein solcher Brief kann gar nicht warmherzig genug formuliert sein, er sollte ausführlich sein, und er darf schließlich ruhig einige überschwängliche Wendungen enthalten.

✉ **Dank für Hilfe bei Überfall – Seite 30**
✉ **Dank für lebensrettende Hilfe – Seite 32**
✉ **Dank für Hilfe bei Lehrstellensuche – Seite 34**

Hilfe in schweren Zeiten

Nach schwerer Krankheit oder nach dem Tod eines geliebten Menschen besteht oft der Wunsch, einem Arzt, den Krankenschwestern oder Altenpflegern für besondere Leistungen und Zuwendung zu danken. Gerade bei diesen Anlässen ist die Gefahr groß, zu pathetischen, letztlich abgegriffenen Floskeln zu greifen. Vermeiden Sie in jedem Fall falsches Pathos. Schreiben Sie einfach, was Sie empfinden – mit Ihren eigenen Worten. Oft genügt es bereits, dem Gefühl der Dankbarkeit in wenigen nachdrücklichen Sätzen Ausdruck zu geben.

✉ **Dankschreiben an Arzt nach Operation – Seite 35**
✉ **Dank an Pflegepersonal in Altenheim – Seite 36**
✉ **Dankschreiben an Seelsorger – Seite 38**
✉ **Dank an Arzt im Krankenhaus – Seite 40**

Dank für Beileidsbekundungen

Beileidsbekundungen nach dem Tode eines Menschen werden üblicherweise mit einer Dankadresse in gedruckter Form als Briefkarte beantwortet. Besonders eindringliche Beileidsschreiben und -gesten sollten allerdings individuell und ausführlich beantwortet werden. Dies wird vor allem dann der Fall sein, wenn das Kondolenzschreiben aus einer sehr persönlichen Perspektive verfasst ist.

Je näher Ihnen ein Mensch steht, desto persönlicher wird in einem Beileidsschreiben seine Trauer und Anteilnahme sein.

✉ **Dank für Beileidsbekundung, Sie-Form – Seite 41**
✉ **Dank für Beileidsschreiben – Seite 42**
✉ **Dank für Beileidsbekundung, Du-Form – Seite 43**

Dank für persönlichen Einsatz

Es gibt Menschen in unserem Leben, denen wir sehr vieles verdanken. Menschen, die prägenden Einfluss auf unsere Lebensgeschichte hatten oder die uns in wichtigen Lebensphasen entscheidende Anstöße gegeben haben. Das können z. B. die Eltern oder Lehrer sein. Das Bedürfnis, Dank zu sagen, macht sich hier nicht an einzelnen Hilfeleistungen fest, sondern bezieht sich auf eine dauerhafte Erfahrung: die Rückschau auf eine gemeinsame positive Geschichte. Anlass für eine solche Rückschau in Dankbarkeit mag ein lebensgeschichtlicher Einschnitt sein, es kann sich aber auch um einen persönlichen Ehrentag, zum Beispiel einen »runden« Geburtstag, handeln. Doch braucht es nicht unbedingt einen passenden Anlass, um einer Person dankbar zu vermitteln, welche wertvolle Rolle sie in unserem Leben gespielt hat.

Sie können sich jederzeit bei einem lieben Menschen bedanken, der Ihnen besonders wichtig ist. Ein solcher Brief wird seinen Adressaten auch dann erfreuen, wenn er an keinen bestimmten Tag oder keine bestimmte Stunde gebunden ist.

✉ **Dank einer Mutter an den Bewährungshelfer ihres Sohnes – Seite 44**
✉ **Dank einer Mutter an die Lehrerin ihres Sohnes – Seite 46**
✉ **Dank eines Erwachsenen an die Mutter – Seite 48**
✉ **Dank eines Sohnes an seinen Vater – Seite 50**

Clara Bastian
Wettiner Str. 6
03876 Bad Münster

1. September 200X

Herrn
Boris Guskow
Marstallstr. 197
03886 Freiberg

Sehr geehrter, lieber Herr Guskow,

Ihren Namen und Ihre Adresse hat mir die Polizei gegeben – ansonsten wüsste ich bis jetzt noch nicht, wem ich meine Unversehrtheit verdanke. Sie haben sich gestern so mutig und tatkräftig eingesetzt, als ich vor der Sparkasse in Bad Münster überfallen wurde, und dafür möchte ich Ihnen von ganzem Herzen danken.

Ich war ja nach dem Überfall sehr verwirrt und nicht recht in der Lage, die Situation und die beteiligten Personen einzuordnen. Dabei bin ich durch Ihr Verdienst mit dem Schrecken davongekommen. Aber dieser Schrecken war auch, wie das bei alten Leuten wohl ist, momentan außerordentlich lähmend.
Die Polizei hat mich dann sicher nach Hause gebracht, und nach einer Nacht voll von Alpträumen und Ängsten geht es mir nun wieder einigermaßen gut. Ich bin zuversichtlich, dass ich bald über das schreckliche Erlebnis hinwegkomme und mich wie früher unbeschwert in der Stadt bewegen kann.
Dies gilt aber nur für die unschöne Seite des Vorfalls. Was Sie

für mich getan haben, will ich nie vergessen. Nicht nur weil sie mich aus einer höchst gefährlichen Situation befreit und mir Geld und Wertgegenstände bewahrt haben, sondern auch weil Sie mit solcher Zivilcourage aufgetreten sind. Ich weiß wohl, dass die Situation auch für Sie höchst gefährlich war, und Sie haben dennoch nicht gezögert, den Angreifer von mir wegzureißen und festzuhalten, bis andere Personen Ihnen zu Hilfe kamen. Wie oft liest man, dass mutige Helfer wie Sie bei einem solchen Einsatz selbst schwer zu Schaden gekommen sind. Und ist es nicht so, dass viele heute aus begründeter Furcht bei Gewalttaten lieber wegsehen?

Ganz anders aber war Ihr Verhalten. Wahrscheinlich haben Sie nicht einmal gezögert und die möglichen Konsequenzen bedacht, sondern sind ohne Bedenken dazwischengesprungen. Welch ein Glück für mich! Ja, Sie haben mir auch den Glauben an die selbstverständliche Hilfsbereitschaft der Menschen wiedergegeben, und das zählt auf Dauer vielleicht nicht weniger als die praktische Hilfeleistung.

Ich danke ihnen nochmals von Herzen und wünsche ihnen ein reiches Leben, in dem Sie selbst genauso viel Hilfsbereitschaft und Unterstützung empfangen mögen, wie Sie selbst bereit sind zu geben.

Mit allen guten Wünschen
Ihre

Clara Bastian

Michael Traegholz
Gellert-Str. 65
26475 Kleinwald

24. Juli 200X

Herrn
Siegfried Kirsteiner
Sommerholzstr. 4
10734 Berlin

Sehr geehrter, lieber Herr Kirsteiner,

mein schrecklicher Unfall liegt nun fast einen Monat zurück, und ich bin endlich gesundheitlich in der Lage, meinem Lebensretter zu schreiben und zu danken.

Sie haben mir das Leben gerettet. Wie einfach sich diese Worte ausmachen! Aber es verbinden sich damit meine denkbar tiefsten Empfindungen der Dankbarkeit und der Hochachtung – der Dankbarkeit, mir ein zweites Leben geschenkt zu haben, und der Hochachtung vor dem Mut und der Selbstlosigkeit Ihres Einsatzes.

Was in jener Nacht auf der Autobahn nach Hamburg passiert ist und wie es zu dem Unfall kam, ist in meinem Gedächtnis ausgelöscht. Was ich aber weiß, ist die Ausweglosigkeit meiner Situation. Ich lag bewusstlos in meinem brennenden Auto, und der Tod wäre unabänderlich gekommen, hätten Sie mich nicht in letzter Minute aus meinem Gefängnis befreit und gerettet. Ein gütiges Schicksal hat Sie in dieser Nacht mit mir zusammengeführt. Sie holten mich ins Leben zurück, das doch fast schon verloren war.

Was ich empfinde, kann ich nur schwer in einfache Worte fassen. Was sagt schon das Wort Dankbarkeit, wenn es um das Leben geht, um das eigene, das wir nur einmal leben und das wir lieben, gerade nach der schrecklichen Erfahrung tödlicher Gefährdung. Ich schulde Ihnen dieses Leben, und ich werde dieses Bewusstsein niemals verlieren.

Was immer ich in Zukunft für Sie tun kann, werde ich tun. Ich stehe gerne zu Ihrer Verfügung. Bitte geben Sie mir die Chance, meine Dankbarkeit tätig unter Beweis zu stellen!

Mit allen guten Wünschen
Ihr

Michael Traegholz

Ewald Förster
Plattenweg 18
27191 Osterholz

19. Juni 200X

Matthias Berger
Buchenstr. 19
27191 Osterholz

Lieber Herr Berger,

Ihre Empfehlung hat entscheidend dazu beigetragen, dass mein Sohn Ingo einen qualifizierten Ausbildungsplatz als Chemielaborant erhalten hat. Er kann somit endlich den beruflichen Weg gehen, den er immer angestrebt hat. Sie können sich denken, dass meine Frau und ich darüber sehr erleichtert sind. Ich danke Ihnen von Herzen für Ihren Einsatz und würde mich freuen, Ihnen bei Gelegenheit ebenfalls gefällig sein zu können.

Ingo wird Ihnen noch persönlich danken.

Mit freundlichen Grüßen

Ewald Förster

Dagmar Hussek
Frankfurter Str. 81
04876 Martinsbach

10. April 200X

Herrn
Dr. med. Dieter Strobel
Städtisches Krankenhaus
Station IV
Bachstr. 27
04878 Martinsbach

Sehr geehrter Herr Dr. Strobel,

viele Patientinnen und Patienten werden täglich von Ihnen behandelt, und so werden Sie sich kaum persönlich an mich erinnern. Aber ich bin der Meinung, dass ausgezeichnete Arbeit auch eine positive Rückmeldung verdient.

Ich war recht verzweifelt nach meinem Unfall und hatte wenig Hoffnung, dass mein Knie noch einmal voll funktionsfähig werden könnte. Sie und Ihre Mannschaft haben tatsächlich außerordentlich erfolgreich gearbeitet und mein Knie wiederhergestellt. Mittlerweile kann ich das Gelenk wie vorher schmerzfrei bewegen und belasten, ohne Einschränkungen. Sie haben mir damit auch meine Lebensfreude zurückgegeben.

Ich danke Ihnen von Herzen!

Dagmar Hussek

Margot Trebes
Kantstr. 31
82902 Blockfeld

12. November 200X

Schwester
Charlotte Kampe
Else-Lindner-Heim
Am Kornspeicher 12
89245 Straßberg

Liebe Schwester Charlotte,

gestern Nachmittag haben wir unsere Mutter zu Grabe getragen, und nun möchten wir, die Kinder und Angehörigen, Ihnen und allen Ihren Pflegerinnen und Pflegern noch einmal von Herzen danken. Mutter hat in den letzten Jahren ein großes Maß an Zuwendung und Fürsorge von Ihnen erfahren. Das war nicht immer einfach und benötigte zuweilen sehr viel Geduld – Sie haben es weder meine Mutter noch uns jemals spüren lassen, haben immer großes Verständnis bewiesen. Dafür unseren aufrichtigen Dank!

Es war keine leichte Entscheidung damals, als wir uns entschlossen, Mutter in ein Pflegeheim zu geben. Wir hatten das Gefühl, sie in ihrer Krankheit im Stich zu lassen. Aber auf der anderen Seite war offenkundig, dass niemand von uns in der Lage war, sich so intensiv und sachkundig um sie zu kümmern, wie es erforderlich war. Vor diesem Hintergrund konnten wir – und davon bin ich heute mehr denn je überzeugt – keine bessere Entscheidung treffen als die für Ihr Heim. Bei unseren Besuchen haben wir immer wieder wahrgenommen, wie beruhigt Mutter war, wie sehr sie sich sicher und aufgehoben fühlte, wie vertraut sie mit den Menschen ihrer Umgebung war. Das war für uns eine große Beruhigung.

Wir danken Ihnen für alles, was Sie für unsere Mutter in den letzten Jahren getan haben, und wünschen Ihnen, dass von der liebevollen Anteilnahme, die Sie anderen zukommen lassen, möglichst viel wieder auf Sie zurückstrahlen möge!

Mit allen guten Wünschen und herzlichen Grüßen

Margot Trebes

Katharina Moisch
Regensburger Str. 8
82765 Maxhütte

16. November 200X

Herrn Pfarrer
Bernhard Grotten
Pfarrhaus
Am Bügel 3
82765 Maxhütte

Lieber Herr Pfarrer,

vor einer Woche haben wir meinen lieben Mann zu Grabe getragen. Ich möchte Ihnen von Herzen danken für die schlichte, würdige Form der Aussegnung und für Ihre persönlichen Worte, Ihre so eindringliche Würdigung seines Lebens und seiner aufopfernden Liebe für seine Familie.

Wie deutlich ist mir noch einmal geworden, dass Berthold von vielen Menschen geliebt und geschätzt wurde und dass sein Tod ein schwerer Verlust nicht nur für die nahen Angehörigen ist. Es ist ein Trost, das zu wissen.

Vor allem aber möchte ich Ihnen danken für Ihren Beistand in den Wochen der Krankheit, die für Berthold eine Krankheit zum Tode war. Sie haben meinen Mann behutsam auf dem Weg dorthin begleitet, Sie haben ihm die Angst genommen und ihn bestärkt in seinem Glauben an die Auferstehung. Wie gut haben Sie ihm getan! Der Frieden, den Sie ihm während Ihrer

Besuche vermittelt haben, war jedesmal noch lange spürbar. Berthold war mit seinem Schicksal versöhnt, als er schließlich die Augen schloss.

Ich wünsche Ihnen Gottes reichen Segen als Lohn für Ihre seelsorgerischen Beistand und für Ihre menschliche Hilfe. Geben Sie möglichst vielen Menschen, die Zuspruch und Fürsorge brauchen, Zeugnis von der Liebe Gottes. Von ganzem Herzen danke ich Ihnen!

Ihre

Katharina Moisch

Corinna Jacobs-Lohmann
und Horst Lohmann
Stutenhofweg 27
37901 Scharnholz

02.09.200X

Herrn Dr. Jürgen Pettenberg
Städtisches Krankenhaus, Station V
Am Bügel 10
37902 Scharnholz

Sehr geehrter Herr Dr. Pettenberg,

nachdem unsere Tanja nun seit einer Woche wieder zu Hause ist, möchten wir Ihnen noch einmal von ganzem Herzen danken. Ihrem großen persönlichen Einsatz und Ihrem ärztlichen Können ist es zu verdanken, dass unsere Tochter die schwierige Operation derart gut überstanden hat. Es ist schwer, einem Kind in der fremden Umgebung einer Klinik Mut zu machen und ihm die Angst vor der Krankheit zu nehmen.

Wir danken auch den Schwestern, Pflegern und Zivildienstleistenden Ihrer Station, die sich überaus freundlich und geduldig um Tanja gekümmert haben. Wir wussten unsere Tochter immer in besten Händen.

Mit freundlichen Grüßen

Corinna Jacobs-Lohmann
Horst Lohmann

Elisabeth Martens
Lohmühle 14
58076 Bad Wertshausen

12. November 200X

Herrn Thomas Behle
Cosmos GmbH
Pelligerstr. 45
58080 Gerlingen

Sehr geehrter Herr Behle,

Ihre herzlichen Worte zum Tode meines Mannes haben mir wohl getan. Sie haben mir noch einmal deutlich gemacht, welche Wertschätzung mein Mann erfahren hat, nicht nur in seiner Familie und bei seinen Freunden, sondern ebenso in seinem beruflichen Umfeld. Tatsächlich hat er sich mit Ihrem Unternehmen vollkommen identifiziert; es war auch »seine« Firma, der er sich mit ganzer Kraft widmete. Es ist gut zu wissen, dass dieser Einsatz gewürdigt wurde und auch nach dem Tode meines Mannes in Erinnerung bleibt.

Mit freundlichen Grüßen

Elisabeth Martens

10. November 200X

Liebe Frau Cordes, lieber Herr Cordes,

ganz herzlichen Dank für Ihr Schreiben zum Tode meines Mannes. Ich habe Ihre Zeilen gerade noch einmal gelesen und spüre wieder die tröstende Beruhigung, in die sie mich versetzen. Sie haben Worte gefunden, die sehr einfühlsam die maßlose Verzweiflung und Trauer aufnehmen, in die ich nach dem schrecklichen Unglück fiel, und die mir die Sicherheit geben, dass ich verstanden werde und nicht allein bin. Sie haben mir ein Stück meiner Angst genommen. Dafür danke ich Ihnen.

Nach sehr schwierigen Tagen und Wochen bin ich nun dabei, ein neues Leben zu lernen. Viel Mühe kostet es vor allem, die Kinder den Verlust nicht ständig spüren zu lassen. Sie müssen so schnell wie möglich wieder fröhlich werden, und dazu brauchen sie auch eine fröhliche Mutter. Es kostet große Anstrengung, den Schatten der eigenen Trauer nur für wenige Minuten abzulegen, aber ich werde es lernen. Viele Menschen haben mir ihre Unterstützung angeboten, Menschen, von denen ich bisher nicht wusste, dass sie mir nahe stehen.

Ich danke Ihnen noch einmal von Herzen für Ihren wohltuenden, liebevollen Zuspruch. Bleiben Sie mir freundschaftlich verbunden, so wie ich es Ihnen bin.

Mit allen guten Wünschen
Ihre

Susanne Vahles-Bretting

Günther Jemann
Untergasse 7
83309 Kaldern

1. September 200X

Lieber Hanswerner,

danke für deinen lieben Brief zum Tode von Claudia. Du hast sehr schöne Worte der Erinnerung gefunden, Worte von großer Trauer und Nähe. Sie sind mir zu Herzen gegangen und haben mich in der Überzeugung bestärkt, dass Claudia nicht nur in meiner Erinnerung fortleben wird. Danke!

Ich werde mich mit Sicherheit bald wieder bei dir melden.

Herzlichst
dein

Günther

Corinna Lohmeier
Abt-Nikolaus-Straße 18
87755 Altenbrunn

21. März 200X

Herrn
Martin Fiehling
Heumarkt 20
56563 Pohlingen

Sehr geehrter, lieber Herr Fiehling,

leider haben wir uns bisher nicht persönlich kennen gelernt, da unsere Wohnsitze zu weit voneinander entfernt sind. Dennoch scheint es mir, als ob ich Sie gut kennen würde, weil Sie mir durch die Erzählungen meines Sohnes Thomas ganz vertraut geworden sind. So möchte ich Ihnen nun endlich einmal danken für das große Engagement, mit dem Sie sich im vergangenen Jahr meines Sohnes angenommen haben.

Niemand weiß wahrscheinlich besser als ich, wie schwierig die Biografie meines Sohnes verlaufen ist, wie schwierig vor allem die Situation war, als er vor einem Jahr aus der Haft entlassen wurde. Ich selbst hatte und habe nur begrenzt Zugang zu Thomas und bin befangen im Bewusstsein eigener Schuld und eigenen Versagens. Umso glücklicher bin ich darüber, dass Thomas offenkundig in Ihnen einen festen Bezugspunkt gefunden hat, der ihn stabilisiert und der für ihn eine wirkliche Autorität darstellt. Ich sehe Thomas nur selten und weiß wenig von seinem Leben in Pohlingen, aber eines spüre ich:

Er ist aktiver geworden, zielbewusster, er plant seine Zukunft. Nach seinen Erzählungen sind Sie es, der ihm dabei Orientierung gibt und ihn auf einen geradlinigen, eigenverantwortlichen Lebensweg führt. Sie haben ihm nicht nur zu einem Arbeitsplatz verholfen, sondern Sie haben ihm zudem in ganz persönlichen Fragen Rat und Zuspruch gegeben und ihm Zuneigung und Wärme vermittelt.

Für all das danke ich Ihnen von Herzen. Thomas hat mit Ihnen eine große neue Chance erhalten, und ich weiß, dass auch er sich über diesen Glücksfall vollkommen bewusst ist. Wenn es irgendetwas gibt, worin ich Sie in Ihrem Bemühen unterstützen kann, lassen Sie es mich bitte wissen. Für die Zukunft wünsche ich Ihnen viel Kraft und ein großes Maß an Optimismus für Ihren schwierigen Beruf!

Mit herzlichen Grüßen

Corinna Lohmeier

Beate Zeminski
Konrad-Broßwitz-Str. 15
27687 Geestwik

1. Oktober 200X

Frau
Veronika Egerloch
Meisenweg 2
27576 Martensen

Liebe Frau Egerloch,

nachdem mein Sohn Florian im Frühsommer die Schule abgeschlossen hat und inzwischen eine Lehrstelle antreten konnte, möchte ich Ihnen noch einmal herzlich dafür danken, was Sie während der letzten drei Jahre für ihn getan haben. Ich übertreibe kaum, wenn ich sage, dass Sie Florians Rettung waren.

Sie erinnern sich sicherlich noch, an welchem Punkt seiner schulischen Laufbahn Florian war, als Sie seine Klasse übernahmen. Von Ihrem Vorgänger abgeschrieben und aufgegeben, lebte er zurückgezogen im Schmollwinkel und hatte sich eben auch selbst aufgegeben. Bei mir war damals kaum mehr Hoffnung, dass er es noch zu einem Schulabschluss bringen würde. Florian war desinteressiert, aufsässig, voll von Langeweile und von Aggression.

Und dann kamen Sie. Die neue, unvoreingenommene Sichtweise, mit der Sie die Klasse und nicht zuletzt Florian für sich eingenommen haben, war frappierend. Plötzlich gab es

Impulse, Motivationen und spannende Themen im Unterricht. Sie gingen aber vor allem auf meinen Jungen zu und verstanden rasch, wie er aus seiner Ecke herauszuholen war. Florian lebte schnell auf, er war auf einmal bei der Sache, und die Schule machte wieder Spaß. Am Ende hat er den Schulabschluss sogar mit Bravour geschafft. Das alles war Ihr Verdienst.

Ich kann nur hoffen, dass Sie in Ihrer Arbeit eine so reiche Befriedigung als Lohn erfahren, wie Sie es mit all Ihren vielen Bemühungen und Ihren fachlichen wie menschlichen Fähigkeiten verdienen. Ich möchte Ihnen meine allergrößte Hochachtung und meine tiefe Dankbarkeit aussprechen.

Mit allen guten Wünschen für Ihre Zukunft

Ihre

Beate Zeminski

30. Mai 200X

Liebe Mama,

zu deinem Geburtstag schicke ich dir die allerherzlichsten Glückwünsche. Wenn ich schon nicht an deinem Fest teilnehmen kann, so werde ich doch an diesem Tag mit meinen Gedanken ganz bei dir sein. Lass dich von allen Freunden und Verwandten kräftig feiern, und genieße es, für einen Tag der Nabel der Welt zu sein!

Ich möchte deinen Geburtstag als Anlass nutzen, um dir ein paar persönliche Gedanken mitzuteilen, die ich schon lange mit mir herumtrage. Geburtstage, auch die einer anderen Person, sind ja immer auch Tage, an denen man zurückdenkt und sich über Vergangenes Rechenschaft gibt. In meinen Gedanken habe ich sozusagen eine kleine Bilanz meiner Kindheit und Jugend gezogen, aus der Distanz und mit der »Reife«, die das Erwachsensein bringt. Diese Distanz war offenbar notwendig, um vieles, was du und ich miteinander erlebt und oftmals erlitten haben, in einem anderen Licht zu sehen.

Wie oft haben wir uns in den letzten Jahren, in denen ich zu Hause lebte, gestritten, wie verletzend waren manche Wortgefechte, wie starr schienen die Fronten! Ich selbst hatte mich in eine Position verrannt, in der alle Vorschläge, Wünsche und Entscheidungen, die von dir kamen, immer schon abgelehnt werden mussten. Ich stand in totaler Opposition, und nichts schien damals überlegenswert oder wertvoll zu sein, was du an mich heranzutragen versuchtest. Wie auch immer man diese Haltung nennen will, spätpubertäre Auflehnung oder jugendliche Arroganz, sie hat unser Familienklima über Jahre hinweg vergiftet und mir aus heutiger Sicht sehr geschadet. Du hast damals alles versucht, um mich für meine eigene Zukunft zu gewinnen. Du hast hart darum gekämpft, dass ich meinen Schulabschluss mache, du hast vergebens darum gefochten, dass ich eine Berufsausbildung absolviere. Du hast mich immer wieder aus verfänglichen Situationen, in die ich mich selbst gebracht habe, herausgeboxt und versucht, mir Brücken zu bauen. Du hast unbeirrbar um meine Zukunft gekämpft, von der ich selbst damals noch nichts wissen wollte. Dafür danke ich dir heute von Herzen.

Ich danke dir für deine Mutterliebe, die niemals lauwarm war, sondern immer heiß brannte, gerade in den schwierigen Jahren des Kampfes. Hab Dank für deine Konfliktfähigkeit und für deine Beharrlichkeit, die schließlich dazu beigetragen hat, dass mein Leben eine andere Wendung nehmen konnte.

Mama, es wurde Zeit, dass ich diese Dinge einmal ausspreche, auch wenn wir ja längst miteinander versöhnt sind. Du bist sozusagen der Garant meiner Zukunft gewesen, und ich bitte dich, es auch weiterhin zu bleiben: als liebevolle und kritische Begleiterin meines Lebens.

Und jetzt wünsche ich dir noch einmal alles Gute zum neuen Lebensjahr. Sei herzlich umarmt und gedrückt

dein

Jörg

23. September 200X

Lieber Papa,

dein 65. Geburtstag ist mir willkommener Anlass, ein wenig zurückzublicken in unsere gemeinsame Geschichte und dir zu sagen, was ich an dir habe.

Nun sind wir ja auf unserem Familienboot bei sehr unterschiedlichem Wetter unterwegs gewesen, mal bei sanfter Brise auf guter Fahrt, mal in stürmischer See und bei hohem Wellengang fast in Seenot. Im Nachhinein und aus der sicheren Entfernung des Erwachsenseins würde ich sagen: Das war gut so. Denn auch die Kämpfe, die wir in manchen Zeiten miteinander hatten, waren produktiv, wohl für beide Seiten. Zumindest für meinen Teil habe ich viel dabei gelernt, über mich selbst, über meine Grenzen und über das, was ich mir noch aneignen musste, um dir am Ende gewachsen zu sein.

Aber die Auseinandersetzungen in bestimmten Lebensphasen waren ja auch nur der eine Teil meiner Erfahrungen mit dir. Der andere Teil ist das Gefühl der Geborgenheit in unserer Familie, das ich noch heute genauso verspüre wie seinerzeit als Kind. Das ist die Zuverlässigkeit, mit der man deine Hilfe und deinen Rat in Anspruch nehmen konnte, selbst dann, wenn du mit meinen Entscheidungen und Vorhaben nicht unbedingt einverstanden warst. Da war deine unbedingte Loyalität, wenn mir tatsächlich das Wasser bis zum Hals stand. Ich denke nur an die Probleme, die ich kurz vor dem Abitur an meiner Schule hatte, und die selbstverständliche Art, in der du mich herausgepaukt hast. Oder an mein kurzes Drogenabenteuer, bei dem du mich ohne Zögern und vor allem ohne moralische Standpauken aufgefangen hast. Das waren große, prägende Erfahrungen für mich, durch die ich für mein ganzes Leben gelernt habe, was Liebe und Zusammenhalt in der Familie bedeuten. Ich danke dir für diese Erfahrungen, so wie ich dir danke für das gelebte Vorbild in vielen guten Eigenschaften: in deiner Großzügigkeit, deinem sozialen Verantwortungsbewusstsein und deinem Gerechtigkeitssinn.

An dieser Stelle fallen mir natürlich noch viele andere rühmenswerte Dinge ein, aber ich will es belassen bei dem Lob einer Eigenschaft, die so überaus charakteristisch für dich ist und für uns Kinder vielleicht die beste Lebensschule war: deine Lebensfreude oder besser: dein Lebensübermut. Wer so viel Spaß am Leben hat wie du und es so überzeugend ausstrahlt, der überträgt auch seinen Kindern zumindest die Keimform eines glücklichen Naturells. Könnte man seinen Vater mehr loben als dafür, in seinen Kindern glückliche Menschen herangezogen zu haben?

Für die kommenden ausgefüllten Jahre nach der Fron des Berufslebens kann ich dir daher nichts anderes und Besseres wünschen als denselben Spaß am Leben und dieselbe Lebensfreude, die du uns zeit unseres Lebens so überzeugend vermittelt hast. Es sind noch viele Erfahrungen zu machen, du wirst keiner aus dem Weg gehen!

Von ganzem Herzen
dein glücklicher Sohn

Ralf

Wie Entschuldigungen und Ausreden aussehen

Wenn der Schaden eingetreten ist oder das Falsche getan wurde, führt kein Weg mehr vorbei an einer Entschuldigung oder Ausrede.

Jede Entschuldigung ist ein persönliches Bekenntnis und braucht daher einen eigenen Ton, um glaubwürdig zu sein. Wie weit Sie sich allerdings dabei öffnen, wie tief Sie Ihre Gefühle beschreiben, hängt ganz vom Empfänger und vom Anlass ab.

Wie Sie sich entschuldigen

Um Ihrer Entschuldigung ein größeres Gewicht zu geben, sollten Sie einen Brief schreiben. Nur so können Sie in aller Ruhe Worte wählen, bei denen sich Sie sich weder total bloßstellen noch die Flucht in belanglose Formeln antreten. Beschreiben Sie sachlich und ohne Ironie, was vorgefallen ist, und stehen Sie für die Konsequenzen ein. Je nach Anlass sollten Sie einen ganz persönlichen, auch emotionalen Ausdruck finden, um Ihre Einsicht in fehlerhaftes Handeln und ihre Zerknirschung glaubwürdig zu vermitteln.

Stichworte für die inhaltliche Gestaltung

Es ist selbstverständlich ein Unterschied, ob Sie sich bei einem Freund für einen verspäteten Geburtstagsgruß oder für ein Fehlverhalten entschuldigen. Dementsprechend wird die Formulierung anders aussehen.

- Bedauern über den Vorfall, der zur Entschuldigung führt
- Benennung des Vorfalls
- Bei Schäden: Angebot, für die Folgen oder Kosten aufzukommen; gegebenenfalls konkrete Handlungsschritte
- Glaubwürdige Entschuldigung
- Symbolischer Handschlag, Hoffnung auf Normalisierung des Verhältnisses oder Ähnliches

Sie finden Beispiele für eine Entschuldigung zu folgenden Anlässen:

✉ **Entschuldigung für eine falsche Beschuldigung – Seite 55**
✉ **Entschuldigung nach Schaden durch Autounfall – Seite 56**

- Entschuldigung nach Wasserschaden – Seite 57
- Freund kann Schulden nicht zurückzahlen – Seite 58
- Verspäteter Antwortbrief – Seite 60
- Entschuldigung für Vergesslichkeit – Seite 61
- Entschuldigung für »Wehtun« – Seite 62
- Entschuldigung für »Ausraster« – Seite 63
- Entschuldigung für Leistungsmängel – Seite 64

Wie Sie eine Absage oder Ausrede vorbringen

Wenn Sie eine Einladung nicht annehmen, dann sollten Sie die freundliche Geste des Gastgebers würdigen, indem Sie ihm den Grund dafür nennen.

Manche Entschuldigungen entsprechen einer höflichen Absage, wenn man zum Beispiel einer Einladung nicht folgen kann oder will. Antworten Sie mit einer verbindlichen, plausiblen und konkreten Erklärung für das Fernbleiben. Dass hier häufig die Grenze zur Ausrede, also zu einer mehr oder weniger wahrheitswidrigen Entschuldigung, überschritten wird, entspricht der menschlichen Lebenserfahrung.

Stichworte für die inhaltliche Gestaltung

- Verweis auf die Einladung oder die Verabredung, verbunden mit Ausdruck von Dank, Vorfreude usw.
- Bedauern über die Notwendigkeit, absagen zu müssen
- Präzise, ausführliche Begründung für die Absage
- Noch einmal: Bedauern, Bitte um Verständnis, Dank
- Wunsch, das Versäumte nachzuholen, sich bald zu sehen usw.

Folgende Beispiele haben eine Absage zum Inhalt:

- Abwesenheit bei der Weihnachtsfeier – Seite 66
- Abwesenheit bei Geburtstagsfeier – Seite 68
- Absage einer Urlaubsreise mit Freunden – Seite 70

Carola Machonk 12. Februar 200X
Quakenbrücker Str. 6
37123 Laar

Familie Goslow
Quakenbrücker Str. 12
37123 Laar

Sehr geehrte Familie Goslow,

in den letzten Wochen haben Sie einige sehr unerfreuliche Erfahrungen machen müssen. Sie waren falschen Beschuldigungen ausgesetzt und mussten ertragen, dass Ihre Söhne fälschlich für mehrere kriminelle Delikte in der Nachbarschaft verantwortlich gemacht wurden. Als Ihre Nachbarin habe ich selbst Anteil daran gehabt, diese Anschuldigungen und Gerüchte in die Welt zu setzen, und ich möchte mich dafür herzlich bei Ihnen entschuldigen.

Die Ergebnisse der kriminalpolizeilichen Untersuchung haben mir gezeigt, wie leichtfertig und unverantwortlich ich meine Meinung gebildet und in meiner Umgebung weitergegeben habe. Ich bin beschämt, und ich bin tief in Ihrer Schuld.

Bitte lassen Sie uns versuchen, trotz dieser für Sie schmerzhaften Erfahrung zu einer guten, verlässlichen Nachbarschaft zu kommen. Ich selbst werde alles tun, damit das in Zukunft möglich wird.

Mit allen guten Wünschen

Carola Machonk

Roman Karasek
Moritzweg 23
40992 Deichberg

20. Juli 200X

Herrn und Frau Lowinski
Freiheitsplatz 19
40984 Erbenheim

Sehr geehrte Frau Lowinski, sehr geehrter Herr Lowinski,

der Unfall am gestrigen Nachmittag hat bei mir einen leichten Schock verursacht, sodass ich nicht in angemessener Weise auf Sie als Geschädigte zugekommen bin.

Bitte glauben Sie mir, dass ich den Unfall und den Ihnen zugefügten Schaden tief bedaure. Ich gehe davon aus, dass meine Versicherung alle Kosten anstandslos übernehmen wird. Natürlich weiß ich aber, dass es hier nicht ausschließlich um eine finanzielle Schadensabwicklung geht. Sie waren auf dem Weg in Ihren Wochenendurlaub und mussten ihn stornieren. Und Sie haben außerdem ein schönes altes Auto verloren, an dem mit Sicherheit Ihr Herz hing.

Was ich tun kann, um Ihren materiellen und Ihren ideellen Schaden auszugleichen, werde ich selbstverständlich tun. Im Moment möchte ich Ihnen nur noch einmal sagen, wie leid mir das alles tut. Ich bitte Sie aufrichtig um Entschuldigung.

Mit freundlichen Grüßen

Roman Karasek

Wanja und Thomas Holthausen 03.02.200X
Lenhartstr. 62
83025 Breitenstein

Herrn und Frau Kalenbach
Lenhartstr. 62
83025 Breitenstein

Sehr geehrte Frau Kalenbach, sehr geehrter Herr Kalenbach,

wir bitten Sie noch einmal herzlich und nachdrücklich um Entschuldigung für die Wasserschäden, die wir in Ihrer Wohnung verursacht haben. Der unvorsichtige Umgang mit unserer defekten Waschmaschine hat Ihnen viel Ärger und vermeidbaren Schaden gebracht. Unsere Versicherung kommt natürlich für alle entstandenen Kosten auf, aber wir wissen, dass damit der Flurschaden im nachbarschaftlichen Verhältnis noch nicht behoben ist.

Da uns sehr an der Fortsetzung unserer guten Nachbarschaft gelegen ist, würden wir uns freuen, wenn Sie in der nächsten Woche einmal abends bei uns zu Gast sein würden. Dürfen wir auf Ihre Zustimmung hoffen?

Noch einmal mit der Bitte um Nachsicht und
mit freundlichen Grüßen

Wanja und Thomas Holthausen

15. Dezember 200X

Lieber Olaf,

als du vor fünf Jahren durch deinen Privatkredit meine Existenzgründung möglich gemacht hast, war ich mir sicher, dir das geliehene Geld bis zum heutigen Zeitpunkt zurückzahlen zu können. Es ist ja nicht nur so, dass man unter Freunden sehr zurückhaltend in Geldgeschäften sein sollte, sondern auch extrem zuverlässig in der Erfüllung von Absprachen. Denn bei der Vermischung von Freundschaft und Finanzen kann leicht die Freundschaft auf der Strecke bleiben.

Von Anfang an habe ich mich daher bemüht, so zu wirtschaften, dass ich meine Schulden an Freunde und Bekannte im vereinbarten Zeitraum zurückerstatten konnte. Du hast selbst in den letzten Jahren bemerkt, wie viel ich gearbeitet habe und wie streng ich auch meinen persönlichen Lebensstandard auf die finanzielle Situation zugeschnitten habe.

Heute kann ich sagen, dass sich das Unternehmen konsolidiert hat und wirtschaftlich »über den Berg« ist. Das heißt allerdings leider nicht, dass die Erlössituation zum jetzigen Zeitpunkt die Tilgung meiner Privatkredite erlauben würde. Würde ich entsprechende Summen aus der Firma nehmen, wäre ihre Lebensfähigkeit mit Sicherheit nicht mehr gewährleistet. Ich muss dir daher mitteilen, dass ich zur Zeit nicht in der Lage bin, den Betrag vereinbarungsgemäß zurückzugeben. Bitte glaube mir, dass ich alles versucht habe, um eine Rückzahlung möglich zu machen, und bitte glaube mir auch, wie peinlich mir das Eingeständnis ist, es nicht zu können.

So bitte ich dich heute, noch einmal Geduld mit mir zu haben und mir die Rückzahlung um ein weiteres Jahr zu stunden. Ich bin – wie gesagt – mit meinem Unternehmen konsolidiert und werde nach Geschäftsplan für das kommende Jahr dann kein Problem mehr haben, deinen Kredit tatsächlich in voller Höhe zu tilgen.

Noch einmal komme ich nicht umhin, unsere Freundschaft durch ein finanzielles Anliegen zu belasten. Bitte hab Verständnis für meine Situation.

Ich hoffe auf eine positive Antwort von dir.

Dein

Karel

Ingo Kluthmann
Speicherstraße 28
27140 Seerthen

11. Juni 200X

Liebe Christiane,

Anfang Mai war es, dass ich aus meinem Urlaub in Griechenland zurückkam. In dem inzwischen angehäuften Stapel von Briefen lag zu meiner großen Freude auch der deine. Am liebsten hätte ich mich sofort hingesetzt und zurückgeschrieben, schon deshalb, weil ich nach Lektüre deines Briefes bereits in Gedanken mit meiner Antwort beschäftigt war. Ich habe es dann doch nicht getan, denn zuerst musste in dem Moment das Geschäftliche und Formale abgearbeitet werden.

Nun ist mehr als ein Monat vergangen. Ich habe endlich die Ruhe gefunden, dir in aller Ausführlichkeit einen Brief zu schreiben. Zwar sind meine Gedanken von damals längst durch alle Lüfte entflogen, aber ich hoffe, dass sie sich jetzt beim Wiederlesen deiner Zeilen vollständig wieder einstellen.

(es folgt Persönliches)

Ulf Seeheim
Wilhelmystr. 71
44208 Herresberg

14. April 200X

Lieber Carlos,

vor mittlerweile zwei Monaten hast du mich gebeten, dir eine Liste der hiesigen Makler zu schicken. Schande über mich – ich habe es schlicht vergessen! Verzeih mir, im Allgemeinen halte ich mich durchaus für einen zuverlässigen Menschen und vor allem für einen zuverlässigen Freund.

Aber vielleicht ist es ja noch nicht zu spät. Ich lege dir daher die gewünschte Liste bei und hoffe, dass sie dir hilfreich ist.

Herzliche Grüße

Ulf

17. August 200X

Lieber Georg,

nicht immer ist das, was wir sagen, in Übereinstimmung mit unserem Denken und mit unserem Gefühl. Manchmal redet man dahin, ins Blaue hinein, aus einer Laune heraus und ohne sich verantwortlich zu fühlen.

So ist es mir gestern bei unserem Gespräch ergangen, und ich bin jetzt, einige Stunden später, selbst erschrocken über meinen Anteil an diesem Gespräch. Ich bin noch mehr erschrocken über deine Reaktion, die mir gezeigt hat, wie tief ich dich verletzt habe. Wäre es möglich, das Gesagte ungesagt zu machen, ich würde es sofort tun.

Denn eines ist mir klar geworden, und ich möchte es auch dir klar machen: Meine Worte müssen so durchkühlt gewirkt haben, meine Einschätzung unserer Geschichte und insbesondere deiner Person so gefühlskalt, dass sie mit meinen tatsächlichen Gefühlen nichts zu tun haben. Ich fühle mich dir nahe, und ich empfinde Wärme und Zuneigung, wenn wir zusammen sind. Nimm das als die wirklich wichtige Seite unseres Verhältnisses, und gib der gestrigen Erfahrung den Rang, den sie verdient: Es ist ein Missverständnis, ohne Bedeutung für uns. Ungewollt habe ich dir eine Wunde geschlagen, ich möchte sie von ganzem Herzen wieder heilen.

In Liebe

Marie

Jonas Linden
Berliner Str. 5
38978 Müggen

07.01.200X

Gesine und Lars Wrede
Hofstr. 6
38856 Langenbuer

Liebe Gesine, lieber Lars,

leider ist es so, dass manche Menschen sich die Narrenkappe selbst aufsetzen. Mir ist es so ergangen am Silvesterabend, und ich schäme mich gewaltig dafür. Das allein aber reicht nicht, denn es war eure Feier. Wenn ich sie glücklicherweise auch nicht zerstört habe, so habe ich doch den Haussegen ganz schön strapaziert. Ich möchte mich dafür bei euch in aller Form entschuldigen. Dass ich zu viel getrunken hatte, will ich erst gar nicht als Entlastung anführen. Ich erkenne mich selbst nicht in dieser Situation und habe keine Erklärung für meinen Ausraster. Zum Glück – so habe ich mir sagen lassen – ist die Party nach meinem furchtbaren Auftritt fröhlich weitergegangen. Nehmt bitte meine Entschuldigung an, und tragt mir möglichst wenig nach.

Mit allen guten Wünschen

Jonas

Anne Rheinfeld
Feuersteinweg 23
85674 Josbaum

17.05.200X

Herrn
Lothar Heuser
Heuser & Partner
89345 Marktheide

Projekt KarfCom
Ihr Schreiben vom 12.05.200X

Sehr geehrter Herr Heuser,

Ihr Schreiben mit sehr deutlichen Kritikpunkten an meiner Projektarbeit trifft mich naturgemäß hart, doch muss ich Ihr kritisches Fazit akzeptieren.

Auch aus meiner Sicht sind viele Prozesse nicht so optimal gelaufen, mit den bekannten Folgen für den Projektstand zum vorgesehenen Abgabetermin des Prototypen.

Die Verantwortung für die aufgetretenen Funktionsmängel liegt unbestreitbar bei mir, und ich werde alles tun, um diese Mängel in dem von Ihnen eingeräumten Zeitraum zufriedenstellend zu beheben.

Ich bedanke mich zugleich für die verständnisvolle Einbettung Ihrer Kritik. Tatsächlich war meine persönliche Situation in den letzten Monaten geprägt durch die schwere Erkrankung meines Mannes. Die temporäre Mehrfachbelastung in meiner Familie hat wohl am Ende doch durchgeschlagen auf meine Leistungsfähigkeit und den Erfolg des Projekts.

Noch einmal danke ich Ihnen für Ihr Verständnis und versichere Ihnen, dass ich jeden Punkt Ihres Mängelberichts gewissenhaft bearbeiten werde. Ich bin zuversichtlich, Ihre Erwartungen im gewünschten Zeitraum erfüllen zu können.

Mit freundlichen Grüßen

Anne Rheinfeld

1. Dezember 200X

Liebe Mama, lieber Papa,

das Weihnachtsfest rückt wieder einmal näher, und ich stelle mir vor, wie vor allem Mama schon mitten in den Vorbereitungen für das große Familienfest ist und backt und putzt und dekoriert. Wie schön doch unser Weihnachten zu Hause ist! Und wie sehr freue ich mich jedes Jahr von neuem darauf!

Leider kündigt es sich in diesem Jahr an, dass ich wohl zum ersten Mal nicht zu Weihnachten bei euch sein kann. Das schmerzt mich sehr, und ich weiß, dass es auch euch schmerzen wird. Denn Weihnachten ist nun einmal für uns alle das Fest der Familie, und sie sollte an diesem Tag möglichst vollständig sein. Wenn ich dennoch nicht anwesend sein kann, so gibt es dafür einen wirklich sehr wichtigen Grund.

Ich arbeite seit zwei Monaten ehrenamtlich in einer gemeinnützigen Einrichtung für drogenabhängige Jugendliche, einem Heim, in dem ich vor allem am Wochenende die Jungen und Mädchen sozial mit betreue. Das ist eine sehr anstrengende, verantwortungsvolle Tätigkeit, die mir aber tiefe Befriedigung gibt, obwohl ich einen großen Teil meiner Freizeit dort investiere. Weihnachten ist auch in dieser Einrichtung ein ganz besonderes Fest, gerade weil die meisten unserer Jugendlichen keine Familie haben, zu der sie an diesem Tag heimgehen könnten.

Ich habe mich bereit erklärt, das Weihnachtsfest im Heim mit zu gestalten und mit zu betreuen – es gab letztlich keine personelle Alternative. Wenn ich mich dafür entschieden habe, dann weiß ich mich einig mit meiner sozialen Selbstverpflichtung, dann weiß ich mich aber auch einig mit dem religiösen Sinn des Weihnachtsfestes, Freude in die Herzen der Menschen zu bringen, gerade dort, wo sie am meisten fehlt. Ich bin sicher, dass ihr meine Entscheidung gutheißen und unterstützen werdet. Ich möchte ja die Freude und Geborgenheit, die mir das Weihnachtsfest in unserer Familie seit Kindertagen gebracht hat, von ganzem Herzen weitergeben an die, die es so nötig brauchen!

Seid also nicht traurig, dass wir Weihnachten nicht zusammen sein können. Wir werden aneinander denken, uns über die schönen Geschenke freuen und in jedem Fall miteinander telefonieren. Bis dahin ist aber noch etwas Zeit, und wir werden vorher noch voneinander hören.

Alles Liebe

eure Anne

16. September 200X

Liebe Tante Marta,

in der nächsten Woche ist dein großes Geburtstagsfest, und ihr werdet schon alle Hände voll zu tun haben mit den Vorbereitungen. Leider muss ich dir heute eine kleine Enttäuschung bereiten, denn Volker und ich werden an deinem Ehrentag nicht nach Hannover kommen können. Es ist etwas passiert, was alle unsere Pläne umgeworfen hat, und ich möchte dich bitten, dafür Verständnis zu zeigen.

Am letzten Wochenende, als wir zu Besuch bei unseren Kindern waren, ist in unserer Wohnung eingebrochen worden. Als wir nachts nach Hause kamen, war die Balkontür aufgebrochen und ein riesiges Chaos in der Wohnung: aufgerissene Schränke, durchwühlte Schubladen, zerbrochenes Glas. Es war entsetzlich und deprimierend.

Wir haben natürlich sofort die Polizei geholt, aber dass die Täter gefunden werden, ist ziemlich unwahrscheinlich. Sie haben auch gar nicht viel mitgenommen, weil wir keine Wertsachen in der Wohnung aufbewahren – weder Geld noch Schmuck. Offenbar hatten die Diebe aber nur daran Interesse, alles andere war für sie wohl ziemlich wertlos. Der materielle Schaden ist also glücklicherweise gering.

Aber ich muss zugeben: Diese Erfahrung hat mich schockiert und meine Nerven angegriffen. Ich glaube, es wird eine ganze Weile brauchen, bis ich mich hiervon erhole. Meine Angst sitzt sehr tief, und ich bin wirklich vollkommen verunsichert. Ich schaffe es einfach nicht, unsere Wohnung in nächster Zeit allein zu lassen. Hab bitte Verständnis für diese außergewöhnliche Situation und verzeih uns, dass wir dich nicht wie vorgesehen an deinem Geburtstag feiern können. Wir werden es nachholen, sobald sich mein seelisches Gleichgewicht wieder gefunden hat.

Wir wünschen dir schon jetzt von ganzem Herzen ein rauschendes Fest, werden uns aber noch einmal telefonisch melden und dir unser Geschenk auf dem Postwege zuschicken.

Sei ganz lieb umarmt

deine Ina

20. Juli 200X

Liebe Freunde,

es ist schmerzhaft für uns, vor allem aber ist es ärgerlich für euch: Wir müssen unseren gemeinsamen Urlaub in Südfrankreich absagen! Ihr könnt euch vorstellen, dass wir uns diese Entscheidung nicht leicht gemacht haben. Wir haben uns so sehr auf diese Reise gefreut, haben uns noch mehr gefreut, nach so vielen Jahren zum ersten Male wieder mit euch gemeinsam unterwegs zu sein – und doch, wir müssen unsere Pläne kurzfristig ändern und hier bleiben. Im Zwiespalt zwischen dem eigenen Vergnügen an Urlaub und Mittelmeersonne und der akuten Helferpflicht gegenüber unserer Tochter haben wir uns wirklich nicht anders entscheiden können. Habt bitte ein Einsehen!

Christiane ist mitten im Umzug in ihr neues Haus, und alles hat sich zu einer mittleren Katastrophe entwickelt. Nichts klappt, nichts ist fertig; die Kinder maulen und wollen zurück in die alte Wohnung. Unser Schwiegersohn stellt sich denkbar unpraktisch an und zieht sich schlecht gelaunt zurück. Christiane muss die Handwerker anweisen, mit dem Architekten verhandeln, den Kindern das Essen kochen und versucht gleichzeitig, den fertig gestellten Teil des Hauses zu beziehen. Sie steht wirklich kurz davor, die Nerven zu verlieren.

Nun hat sie uns in ihrer Not um Unterstützung gebeten. Was hätten wir anders tun können, als in dieser Situation den Urlaub abzublasen und bis September bei Christiane den Nothelfer zu spielen? Wir werden also in den nächsten Wochen tapezieren und streichen, mit den Kindern spielen und in den Baumarkt fahren. Wir werden Kisten ausräumen und versuchen, unseren schwierigen Schwiegersohn hoffentlich etwas zur Räson zu bringen. Das alles macht uns nicht gerade glücklich, aber wir sind es unserer Tochter einfach schuldig!

Bitte verzeiht uns unseren kurzfristigen Rückzug. Wir können nur hoffen, dass uns bei der nächsten Gelegenheit zur gemeinsamen Fahrt die Familiengötter gnädiger gesinnt sind. Ihr werdet euch auch ohne uns gut erholen und sicher besser dran sein, als wir es in diesen Wochen sind. Denkt an uns ohne Groll in den sternenklaren, dufterfüllten, milden Nächten der Camargue, und bleibt uns gewogen,

eure Tine und Klaus

AC
MRC
M–
7
8
4

Wie Beschwerden und Reklamationen aussehen

Wenn Sie sich über etwas wirklich ärgern, sollten Sie sich nicht scheuen, dem in angemessener Weise Ausdruck zu verleihen.

Es gibt so vieles in unserer Umgebung, was uns Ärger macht oder was wir gerne verändert hätten. Oft hängt es dann von persönlichen Charaktereigenschaften ab, von Temperament, Konfliktfähigkeit und Beharrlichkeit, ob wir uns aktiv gegen solche Mängel und Missstände wenden oder ob wir die Dinge hinnehmen, wie sie eben sind. Wer will schon als Nörgler oder Querulant gelten, und doch wäre sicherlich manches in unserer Alltagswelt besser geregelt, wenn sich dann und wann eine kritische Stimme erheben würde.

Wenn Sie eine Beschwerde oder Kritik anbringen wollen

Ein Beschwerdebrief oder ein kritisches Schreiben sind durchaus angemessene Mittel, um auf einen Missstand hinzuweisen und gewünschte Veränderungen anzustoßen. Die schriftliche Form hat gegenüber der mündlichen Mitteilung zunächst dokumentarischen Wert. So kann der Absender seine Argumente sehr genau abwägen, präzise formulieren und den angemessenen Ton treffen.
Gerade der angemessene Ton eines solchen Briefes ist von größter Bedeutung. Denn Beschwerden oder Kritik enthalten immer Konfliktpotenzial. Es besteht die Gefahr, dass der Empfänger sich zu Unrecht angegriffen oder verletzt und gekränkt fühlt. Dass er blockiert und auf Konfrontationskurs geht, weil wir ein Anliegen nicht in sachlicher, vermittelnder Weise vorgetragen haben. Hüten Sie sich also davor, Ihrem Zorn oder Ihrer Erregung über Missstände allzu sehr die Zügel zu überlassen. Sie wollen ja eine Veränderung bewirken, und das gelingt nur, wenn Sie sachlich argumentieren und auf persönliche Attacken oder gar Beleidigungen verzichten. Zeigen Sie sich diplomatisch, und beziehen Sie die mögliche Haltung des Empfängers in Ihre Überlegungen für einen solchen Brief ein.

Stichworte für die inhaltliche Gestaltung

- Wenn nötig: Vorstellung Ihrer eigenen Person; Bezug zu dem Adressaten
- Ausführliche Beschreibung der Sachverhalte, die diese Beschwerde bedingt haben
- Eindeutige persönliche Wertung dieser Sachverhalte
- Gegebenenfalls Verweis auf allgemeine Standards, Normen und Richtwerte, von denen die geschilderten Sachverhalte abweichen
- Nachdrückliche Bitte oder Aufforderung zur Änderung oder Besserung
- Gegebenenfalls versöhnlicher Ausklang

Wie eine Beschwerde aussehen kann

Konstruktive Kritik muss nicht negativ, aber zielorientiert und genau sein.

Vergessen Sie bei einem Beschwerdebrief niemals, dass Sie ein Ziel verfolgen: Sie wollen etwas verändern. Dafür müssen Sie den Adressaten in der Regel erst noch gewinnen. Sie müssen ihn auf Ihre Seite ziehen, und das gelingt nur durch gelassenes Argumentieren. Freilich brauchen Sie Ihre Gefühle nicht ganz zu verstecken, Sie wollen schließlich auch zeigen, dass Sie emotional berührt sind.
Aber vermeiden Sie es, den Empfänger Ihres Schreibens frontal zu attackieren, verzichten Sie auf jede Formulierung, die als Beleidigung oder Beschimpfung aufgefasst werden könnte. Nehmen Sie also den »Dampf« raus, und setzen Sie auf die Macht der vernünftigen Argumentation! Sie finden hier Beschwerdebriefe zu folgenden Anlässen:

- **Kritik an Fernsehsendung – Seite 76**
- **Beschwerdebrief einer Kundin – Seite 78**
- **Beschwerde über ärztliche Leistung – Seite 80**
- **Beschwerdebrief an ein Kinocenter – Seite 82**
- **Kritischer Brief an die Stadtverwaltung –Seite 84**

Wie Sie bei einer formalen Reklamation vorgehen

Reklamationen betreffen den Geschäftsverkehr oder Leistungen, die vertraglich geregelt sind: zum Beispiel die Mängelanzeige bei ausgelieferten Waren, der Einspruch gegen Rechnungen oder die Reklamation einer Urlaubsreise. Hier geht es in erster Linie um korrekte Angaben, präzise Beschreibungen und die Beachtung rechtlicher Regelungen und Bedingungen, nicht um persönliche Betroffenheit.

Mängel sollten Sie stets schriftlich festhalten und gegebenenfalls dokumentieren.

Stichworte für die inhaltliche Gestaltung

- Korrekte Anschrift der Einrichtung oder des Unternehmens, bei dem Sie reklamieren
- Im Betreff: präzise Angaben zu Ihrem Anliegen (Schreibanlass Reklamation, Rechnungsnummer, Buchungsnummer, Bestellnummer usw.)
- Darstellung des Sachverhalts oder des reklamierten Schadens
- Vorschlag zur Regelung (Rücknahme, Reparatur, Ersatz usw.)
- Bitte um entsprechende Reaktion des Empfängers
- Gegebenenfalls Anlagen und Fristsetzung

Reklamationen sollten immer schriftlich niedergelegt und mit Einschreiben zugestellt werden. Sie wappnen sich damit für spätere gerichtliche Auseinandersetzungen. Prüfen Sie zunächst sehr sorgfältig, ob es wirklich hinreichend Grund für Beanstandungen gibt und ob Ihr Regressanspruch Aussicht auf Erfolg hat. Sie finden Musterbriefe für Reklamationen zu folgenden Anlässen:

Die Rechtslage ist oft genug schwierig. Zum Beispiel liegt die Nachweispflicht bei reklamierten Telefonrechnungen beim Kunden.

- **Reklamation einer Zahnarztrechnung – Seite 86**
- **Reklamation einer Telefonrechnung – Seite 88**
- **Reklamationsschreiben an Handwerker – Seite 89**
- **Reklamation einer Urlaubsreise – Seite 90**
- **Reklamation eines beschädigten Gepäckstücks – Seite 92**

Ludmilla Jagowski
Wagnerstr. 71
82987 Ludwigsheim

27. Juni 200X

TV108
Alleenplatz 7
60180 Frankfurt

Talkshow »Jetzt spreche ich« vom 26. Juni 200X

Sehr geehrte Damen und Herren,

die gestrige Sendung der Talkshow »Jetzt spreche ich« zum Thema »Ich habe Blut vergossen« hat mich entsetzt und fassungslos gemacht. Mit meinem Schreiben möchte ich deutlich machen, dass ich Thema und Art dieser Sendung nicht nur für problematisch, sondern für untragbar halte.

Der Sendeplatz dieser Talkshow ist nachmittags ab 15 Uhr, eine Tageszeit also, wo nicht zuletzt Kinder vor dem Fernseher sitzen. Diesem arglosen Publikum wurde am 26. Juni eine Gästerunde zugemutet, die aus einem Soldaten aus dem Balkankrieg, einem Söldner der französischen Fremdenlegion und einem geständigen Mörder bestand. Alle drei durften ausgiebig und ohne wertende Kommentierung vonseiten des Moderators über ihre Taten berichten, also über das Töten menschlichen Lebens. In dieser Runde schien es offenbar selbstverständlich zu sein und keiner Nachfrage wert, dass Menschen andere Menschen hinschlachteten, vergewaltigen und verstümmeln. Es ist offenkundig auch selbstverständlich geworden, dass das Fernsehen Mörder zu Wort kommen lässt, die sich ihrer Taten mit Macho-Gebärden rühmen dürfen und sich wechselseitig in der Schilderung von blutigen Gräuel überbieten.

Gibt es eine Erklärung für diese ungeheure Fehlleistung? Ich fürchte, es geht hier um mehr als um eine einmalige Entgleisung. In den Talkshows der deutschen Fernsehanstalten werden ja schon seit Jahren Themen behandelt, die nur als geschmacklos und unzumutbar bezeichnet werden können. Themen, die zeigen, dass offenbar mittlerweile alles öffentlich gesagt und verhandelt werden darf und es keine Tabus mehr gibt. Für mich gibt es allerdings ein großes Tabu, wenn es um die Schutzwürdigkeit meiner Kinder geht.

Ich protestiere gegen Sendungen, die in ihrer scheinbar launigen Geschwätzigkeit nichts anderes als Gewalt und Menschenverachtung transportieren. Ich protestiere insbesondere gegen die Ausstrahlung solcher Sendungen zu Tageszeiten, an denen normalerweise Kinder vor dem Fernseher sitzen. Mein dringender Appell gilt einer ethischen Kontrolle, die in Zukunft Sendungen dieser Art verhindert.

Ich bitte Sie um eine Antwort auf mein Schreiben.

Mit freundlichen Grüßen

Ludmilla Jagowski

Marianne Kasparek
Lyoner Str. 20
52108 Mahrheim

18. September 200X

Hollert Backwaren
Geschäftsführung
Kaiserstr. 43
55298 Wühren

Beschwerde

Sehr geehrte Damen und Herren,

seit Sie vor etwa einem Jahr eine Bäckerei-Filiale in der Lyoner Straße eröffnet haben, bin ich zur Stammkundin geworden, die an jedem Morgen ihre Tüte Brötchen und ihr Brot kauft. So hell und einladend Ihr Ladenlokal ist, so angenehm freundlich waren bis vor kurzem die Verkaufskräfte, die auch zu früher Stunde jedem Kunden ein Lächeln oder einen verbindlichen Gruß mit in den Tag gaben.

Diese kundenfreundliche Atmosphäre aber hat sich seit etwa drei Wochen grundlegend geändert. Seitdem sind am Morgen zwei neue Verkäuferinnen eingesetzt, die ihre Kunden in außerordentlich unfreundlicher, ja unverschämter Weise behandeln. Kein Lächeln mehr, kein Gruß, stattdessen aggressive Zurechtweisungen der Kunden und schnippische Bemerkungen. War es bis vor kurzem noch eine reine Freude, in Ihrer Filiale einzukaufen, so wird es jetzt zum Spießrutenlauf.

Ich hoffe, durch meinen Brief eine Änderung dieser Situation zu erreichen. Wohlgemerkt: Ich verstehe sehr gut, dass jemand dann und wann einen schlechten Tag hat und schlecht gelaunt ist. Ich kann aber nicht akzeptieren, dass jemand, der einen Beruf mit Kundenkontakt ausübt, ausschließlich schlechte Tage hat und fortwährend schlecht gelaunt ist. Ich gehe davon aus, dass Sie dies genauso sehen.

Es wäre schön, wenn Sie meinen Brief beantworten würden.

Mit freundlichen Grüßen

Marianne Kasparek

Ingrid Sudermann
Teplitzer Str. 82
60567 Frankfurt

24. Februar 200X

Landeszahnärztekammer Hessen
Kosmosstr. 5
60498 Frankfurt

Gutachterbenennung
Reklamation einer zahnärztlichen Behandlung

Sehr geehrte Damen und Herren,

ich bitte um die Erstellung eines Gutachtens zur Überprüfung von zahnärztlichen Leistungen durch Dr. Hans-Helmut Jesberg, Karolinenstr. 20, 60765 Frankfurt. Es handelt sich um den folgenden Vorgang:

Am 12.11.200X wurden mir von Herrn Dr. Jesberg entsprechend einem vorliegenden Heil- und Kostenplan zwei Kronen mit einem Brückenteil über den oberen Frontzähnen erneuert. Nachdem das alte Präparat abgenommen war, stellte Herr Dr. Jesberg fest, dass die Zahnstifte zu schwach seien, um auf Dauer die neue Konstruktion zu tragen. Es sollten daher auch die benachbarten Kronen zu beiden Seiten abgenommen und erneuert werden. Da ich selbstverständlich seinem fachärztlichen Urteil vertraute, stimmte ich zu. Noch bei diesem Termin wurden die Vorbereitungen für das neue Präparat für insgesamt fünf Zähne geschaffen und ein Abdruck genommen.

Am 22.11.200X wurde das neu erstellte Präparat in der Praxis von Dr. Jesberg probeweise eingesetzt und am 26.11.200X, nach einigen kleinen Korrekturen, endgültig eingesetzt. Seitdem habe ich ununterbrochen Beschwerden. Sämtliche überkronten Zähne reagieren überaus sensibel auf heiße und kalte Temperaturen, mit teilweise extremen, schockartigen Schmerzwellen. Außerdem führt das Kauen im linken Kieferbereich zu starken Druckschmerzen.

Ich habe die Praxis von Herrn Dr. Jesberg seitdem zweimal aufgesucht, am 14.12.200X und am 12.01.200X, und mehrfach telefonisch um Rat gebeten. Er konnte keinen Korrekturbedarf erkennen und vertröstete mich damit, dass die starken Reizungen von Nerven und Gewebe einige Zeit brauchen würden, um abzuklingen. Mittlerweile sind drei Monate vergangen, ohne dass die beschriebenen Beschwerden nachgelassen hätten. Ich bin der Meinung, dass es sich hier um schwer wiegende Mängel der zahnärztlichen Leistungen handelt. Zudem bin ich nicht bereit, die mittlerweile von Dr. Jesberg in Rechnung gestellten Kosten für seine Behandlung zu übernehmen.

Daher bitte ich um die Benennung eines unabhängigen Gutachters, um Klarheit über die Qualität der zahnärztlichen Leistungen von Dr. Jesberg und über die Gründe meiner anhaltenden Beschwerden zu erhalten. Die Rechnung der Praxis Dr. Jesberg vom 07.01.200X lege ich bei.

Mit freundlichen Grüßen

Ingrid Sudermann

Anlage

Francesco Scandicci
Lutherplatz 5
02546 Hangerode

12. April 200X

Cinepool Kinos
Industriehof 3-7
02558 Waldthal

Technische Mängel bei Filmvorführungen

Sehr geehrte Damen und Herren,

als vor zwei Jahren Ihr Kinocenter eröffnete, wurde das von meinen Freunden und mir begeistert aufgenommen. Endlich wurde uns ein breites Filmangebot in unserer näheren Umgebung geboten, und zum ersten Mal gab es große, schöne Kinosäle mit hervorragender technischer Ausstattung.

Leider ist die Freude an unserem bevorzugten Freizeitvergnügen in den letzten Monaten getrübt. Bei mehreren Besuchen seit Januar dieses Jahres ist uns regelmäßig aufgefallen, dass die Tontechnik falsch eingestellt ist – teilweise geradezu katastrophal –, dass die Filmkadrierung fehlerhaft ist und die Qualität der Filmkopien auch bei neu eingesetzten Filmen dem Publikum zum Teil nicht mehr zugemutet werden sollte.

Unser Spaß am Kino hat dadurch erheblich abgenommen, nachdem wir lange Zeit sehr zufrieden waren mit dem, was uns Ihr Kinocenter bot.

Natürlich haben wir unsere Kritik während oder nach den Vorstellungen Ihrem Personal vorgetragen. Wir hatten jedoch nicht den Eindruck, dass diese Reklamationen Wirkung gezeigt hätten; sie wurden eher mit einem Achselzucken aufgenommen.

Meinen Freunden und mir ist sehr daran gelegen, in unserer Nähe ein Kinocenter zu haben, das wir gerne besuchen. Daher schreibe ich Ihnen diesen Brief mit der Bitte, so schnell wie möglich wieder für die gewohnten technischen Standards bei der Filmvorführung zu sorgen. Die jetzige Situation kann nur dazu führen, dass das Publikum abwandert!

Ich würde mich freuen, wenn Sie meinen Brief beantworten.

Mit freundlichen Grüßen

Francesco Scandicci

Lukas Hoyer 08.09.200X
Waldhofstr. 7
64087 Karlstein

Stadtverwaltung Karlstein
Amt für Ordnung und Verkehr
Rathausplatz 2
64088 Karlstein

Ein sicherer Schulweg für unsere Kinder!

Sehr geehrte Damen und Herren,

wir möchten Sie auf einen Missstand aufmerksam machen, für den wir uns dringend Abhilfe wünschen. Wir – das sind mehr als 60 Eltern, deren Kinder zur Brüder-Grimm-Schule in der Cranach-Straße gehen.

Die Brüder-Grimm-Schule liegt an einer verkehrsberuhigten Straße mit Geschwindigkeitsbegrenzung auf 30 Stundenkilometer. Doch sieht die Realität anders aus: Kaum ein Autofahrer hält diese Begrenzung ein; die meisten fahren nach unserem Eindruck sogar deutlich schneller als 50 Stundenkilometer Tatsächlich hat die Stadt in den letzten zwei Jahren nichts getan, um die durchfahrenden Autos zu einer Verringerung ihrer Geschwindigkeit zu zwingen. Die damals versprochenen geschwindigkeitsreduzierenden Umbaumaßnahmen wie Bodenschwellen oder Abpollerungen wurden bis heute nicht durchgeführt.

Für unsere Kinder wird damit der Weg zu ihrer Schule und von der Schule zu einer lebensgefährlichen Angelegenheit. Dass bislang noch kein Unfall passiert ist, ist wohl eher dem Zufall zu verdanken. Um die Verkehrssicherheit für Schülerinnen und Schüler der Brüder-Grimm-Schule entscheidend zu verbessern, fordern wir daher die von der Stadtverwaltung schon lange geplanten und versprochenen Maßnahmen ein. Insbesondere fordern wir dringend:

- Die Installation einer Fußgängerampel vor der Brüder-Grimm-Schule
- Geeignete Umbauten der Cranach-Straße mit dem Ziel einer nachhaltigen Geschwindigkeitsreduktion von Fahrzeugen
- Regelmäßige Geschwindigkeitsmessungen in der Nähe der Brüder-Grimm-Schule

Im Interesse unserer Kinder sind solche Maßnahmen an dieser Stelle längst überfällig. Wir bitten Sie, entsprechende Planungen nunmehr mit Nachdruck zu realisieren. Bitte schicken Sie uns so schnell wie möglich Ihre Stellungnahme.

Da wir ein öffentliches Interesse für unser Anliegen voraussetzen, geht eine Kopie dieses Schreibens an die örtlichen Presseorgane.

Mit freundlichen Grüßen
im Namen von 60 Eltern

Lukas Hoyer

Sybille Melandris
Aachener Str. 71
53375 Kampstetten

10. Februar 200X

Frau
Dr. med. dent. Laura Kremer-Gregorius
Priorei-Str. 12
53375 Kampstetten

Ihre Rechnung über zahnärztliche Leistungen
vom 04. Februar 200X
Rechnungs-Nr. 200X-1823

Sehr geehrte Frau Dr. Kremer-Gregorius,

in Ihrer Rechnung vom 04. Februar 200X über zahnärztliche Leistungen finden sich mehrere Rechnungspositionen, die ich in dieser Form nicht akzeptieren kann. Ich werde aus diesem Grund auch meine Krankenkasse nicht um die Erstattung der Rechnung bitten.

Es handelt sich um folgende Positionen:

(01) 07.01.200X Eingehende Beratung (ggf. fernmündlich)

Diese Beratung hat nicht stattgefunden. Tatsächlich habe ich an diesem Tag mit Ihrer Assistentin telefoniert, um den Behandlungstermin am 10.01.200X zu bestätigen.

(06) 10.01.200X Intraorale Leitungsanästhesie
(07) 10.01.200X Anästhesiemedikament

Bei dieser Behandlung habe ich keine Anästhesie erhalten.

(08) Entfernung von Zahnbelegen

Diese Leistung verrechnen Sie mit einem Faktor von 3,5. Die Höhe des Faktors ist nicht gerechtfertigt, da die Leistung keinen erhöhten Schwierigkeitsgrad darstellte, in wenigen Minuten erledigt war und zudem ausschließlich von Ihrer Assistentin vorgenommen wurde.

Bitte korrigieren Sie die Rechnung in den genannten Positionen.

Mit freundlichen Grüßen

Sybille Melandris

Ulf Hartmann
Kugelgasse 46
35875 Görschen

26.04.200X

Deutsche Telekom AG
Buchungsstelle
30745 Heilberg

Telefonrechnung vom 20.04.0X
für den Zeitraum 9.3.–11.4.0X
Buchungskonto 390 000 654 456

Sehr geehrte Damen und Herren,

die Telefonabrechnung für den Zeitraum März/April 200X kann ich in dieser Form nicht akzeptieren. Sie berechnen mir unter anderem unter der Leistungs-Nummer 17342 für 3 Welt 4-Verbindungen 1858 Gebühreneinheiten. Tatsächlich habe ich aber kein Telefongespräch in dieses Tarifgebiet geführt, so wie ich überhaupt keine Telefonate ins Ausland führe. Es kommt auch keine andere Person in Frage, die sich während des Abrechnungszeitraums in meiner Wohnung aufgehalten haben könnte.

Meines Erachtens handelt es sich hier um einen Abrechnungsfehler. Bitte überprüfen Sie die Rechnung, und überweisen Sie die Fehlbuchung auf mein Konto zurück.

Mit freundlichen Grüßen

Ulf Hartmann

Konrad Feith
Jasminweg 3
28098 Lörsfeld

8. August 200X

H. Lämmert
Malerfachbetrieb
Seestr. 81–83
28078 Gechtern

Malerarbeiten in meinem Haus
am 6. und 7. August 200X

Sehr geehrter Herr Lämmert,

bei gründlicher Begutachtung der Malerarbeiten, die Sie in meinem Haus vorgenommen haben, musste ich gegenüber dem Kostenvoranschlag und unseren Absprachen die folgenden Mängel feststellen:

- Die Holzleisten in der Vorratskammer sind noch nicht lackiert worden.
- Die Türen zur Küche und zur Vorratskammer sind teilweise nicht glatt lackiert, sondern zeigen auffallende Pinselspuren.

Ich bitte Sie, diese Mängel umgehend, spätestens aber bis 22.08.200X zu beseitigen. Bitte rufen Sie mich wegen einer Terminabsprache an.

Mit freundlichen Grüßen

Konrad Feith

Doris und Günter Hagenbeck 23.07.200X
Lausitzer Str. 56
02762 Greuthen

Transculture Reisen
Am Rabeneck 8
10735 Machfeld

Unsere Transculture-Reise nach Güremyi/Türkei
vom 8. bis 22.7.200X
Buchungsbestätigung vom 05.03.200X

Sehr geehrte Damen und Herren,

während unseres Reiseaufenthalts in der Türkei sollten wir nach Aussagen des Transculture-Reisekatalogs und der Buchungsbestätigung in einem äußerst ruhigen Hotel in parkähnlicher Umgebung wohnen.

Tatsächlich wurde während unseres Aufenthaltes in unmittelbarer Nachbarschaft des Hotels Göreme Beach, in ca. 50 Meter Entfernung, ein neuer Hotelkomplex hochgezogen. Da unser Zimmer direkt zur Baustelle hin lag, waren wir – mit Ausnahme der Sonntage – von morgens 6 Uhr bis abends 20 Uhr einem nahezu ununterbrochenen Baulärm ausgesetzt. Der Umzug in ein ruhigeres Zimmer war nicht möglich, da das Hotel komplett ausgebucht war. Diese Darstellung wird bestätigt von dem Bericht des örtlichen Reiseleiters, den wir in Kopie beifügen.

Die erhoffte und in Aussicht gestellte Ruhe und Erholung haben wir unter diesen Umständen nicht finden können. Wir stellen fest, dass die Qualität des Urlaubs in hohem Maße beeinträchtigt war und nicht dem Angebot entsprach. Wir erwarten daher, dass Sie uns 50 Prozent der geleisteten Reisekosten zurückerstatten.

Bitte nehmen Sie zu diesem Schreiben bis zum 10.8.200X Stellung. Sollten wir keinen positiven Bescheid von Ihnen erhalten, werden wir die Angelegenheit unserem Rechtsanwalt übergeben.

Mit freundlichen Grüßen

Doris Hagenbeck

Günter Hagenbeck

Anlage

Kopie Mängelbericht der Reiseleitung

Manuela Leibrecht
Burgweg 12
032275 Gerenburg

28.04.200X

Luftlinie AG
Gepäckdienst
60745 Frankfurt

Beschädigtes Gepäckstück
Flug LL 26457

Sehr geehrte Damen und Herren,

bei meinem Flug von Mailand nach Frankfurt am 18.04.0X, Flugnr. LL 26457, ging mein Aktenkoffer verloren. Dieser fand sich später wieder und wurde mir am 21.04.0X nach Hause zugestellt.

Leider habe ich bei der Übergabe und einer schnellen Kontrolle des Koffers nicht bemerkt, dass die Schließmechanik beschädigt worden war. Der angerichtete Schaden war durch eine Reparatur nicht mehr zu beheben, sodass die gesamte Schließmechanik ausgetauscht werden musste.

Mittlerweile habe ich den Schaden beheben lassen und bitte um Erstattung der entstandenen Kosten. Alle notwendigen Belege finden Sie als Anlage.

Mit freundlichen Grüßen

Manuela Leibrecht

Anlagen
Reparaturrechnung
Kopie Flugschein
Kopie Gepäckübergabeschein

Wenn es um Miet-angelegenheiten geht

Das Verhältnis zwischen Mieter und Vermieter ist rechtlich gut geregelt. Dennoch reagieren viele Mieter verunsichert, wenn es um Mieterhöhungen und Renovierungspflicht, um Nebenkosten und Kündigungsfristen geht.
Dieses Buch kann und will keine Rechtsberatung in Mietfragen ersetzen. Dafür sei ausdrücklich auf entsprechende Spezialwerke, auf Mieterberatungen und auf Anwaltskanzleien verwiesen. Es stellt Ihnen aber Musterbriefe zur Verfügung, die Ihnen Anregungen geben für wirkungsvolle und rechtlich angemessene Schriftstücke in den typischen Lebenssituationen eines Mietersrs – von der Wohnungssuche bis zur (eigenen) Kündigung einer Mietwohnung. Da diese Briefe einen stärkeren formalen Charakter haben, können Sie sie als eine Art Schablone benutzen, in die Sie die besonderen Merkmale und Daten der eigenen Situation einfügen.

Mit Fragen, die Verträge und Mietrecht betreffen, müssen Sie sich an die entsprechenden Stellen wenden. Bei Streitigkeiten sollten Sie auf jeden Fall juristischen Rat einholen.

Wie Sie eine Wohnungsanzeige beantworten

Wenn Sie bei der Wohnungssuche auf eine Chiffre-Anzeige reagieren, schicken Sie sozusagen eine »Bewerbung« an den Vermieter. Natürlich wollen Sie mit dieser Selbstdarstellung günstige Voraussetzungen schaffen, um die Wohnung auch zu bekommen. Betonen Sie also das, was den meisten Vermietern am Herzen liegt: die Seriosität und die geregelte Einkommenssituation.
Wenn es aber zur Zeit nicht sehr gut um Ihre berufliche Einbindung steht, beschreiben Sie die positiven Dinge, die eine baldige Verbesserung der Situation erwarten lassen, zum Beispiel Aktivitäten in der Fort- und Weiterbildung oder Ihre derzeitigen Bemühungen bei der Stellensuche. Gliedern Sie Ihr Schreiben an den Vermieter inhaltlich in der folgenden Weise:

Stichworte für die inhaltliche Gestaltung

Nicht selten sind die Wohnungsangebote in den Zeitungen unter Chiffre. Das bedeutet, Sie müssen in Ihrem Brief den potenziellen Vermieter davon überzeugen, dass Sie der ideale Mieter sind.

- Chiffre-Nummer der Wohnungsanzeige und Fundort
- Ausdruck des großen Interesses an dieser speziellen Wohnung
- Positive Beschreibung der Familiensituation
- Positive Beschreibung der beruflichen Situation und der Einkommensverhältnisse
- Begründung für Wohnungssuche und Wohnungsbedarf
- Gegebenenfalls Referenzen
- Telefonnummer (tagsüber und abends) für Kontaktaufnahme
- Abschließende Formulierung des Wunsches, einen Besichtigungstermin zu erhalten

Sie finden zwei Musterbriefe für die Wohnungssuche. Beim zweiten handelt es sich um einen Brief, der eine eindeutig gute berufliche Situation schildert. Das erste Schreiben ist ein Beispiel für eine eher problematische berufliche Lage.

Antwort auf Wohnungsanzeige (problematische Situation) – Seite 100

Antwort auf Wohnungsanzeige (gute Situation) – Seite 102

Wie Sie Mängel beanstanden

Auch wenn Sie ein gutes Verhältnis zu Ihrem Vermieter haben, sollten Sie auf eine schriftliche Mitteilung nicht verzichten.

In einer Mietwohnung können Mängel auftreten, das ist gerade bei älteren Wohnungen gar nicht zu vermeiden. Dennoch ist es natürlich ärgerlich, wenn z. B. mitten im Winter die Heizung im Arbeitszimmer ausfällt. Der Mieter teilt solche Mängel sofort dem Vermieter (auch) schriftlich mit und fordert ihn zur Instandsetzung auf. In der Regel ist damit alles Notwendige getan.
Sollte aber der Vermieter nicht reagieren, kann der Mieter bis zur Instandsetzung seine Mietzahlung um eine angemessene Quote min-

dern. In weiteren Schritten kann er dann einen immer größeren Betrag zurückbehalten, solange der Schaden nicht behoben ist. Er kann schließlich selbst die Handwerker anfordern, er kann die Reparatur vor Gericht einklagen oder aber am Ende fristlos kündigen. Wenn Sie sich allerdings auf diese letzten Stufen zubewegen, sollten Sie unbedingt einen Rechtsbeistand konsultieren! Gliedern Sie Ihren Brief im Falle eines Mangels in der folgenden Weise, und schicken Sie ihn als Einschreiben:

Prüfen Sie Ihren Mietvertrag gründlich vor Abschluss – auch im Hinblick auf die Zuständigkeit bei Schäden und Mängeln.

Stichworte für die inhaltliche Gestaltung

- Vollständige Beschreibung des Mangels mit zeitlichen Angaben (Wann trat der Schaden zum ersten Mal auf oder wurde bemerkt?)
- Bitte um rasche Instandsetzung
- Angabe einer Telefonnummer zur Kontaktaufnahme mit Handwerkern

Bei weiteren Schreiben an den Vermieter:

- Bezug auf das erste Schreiben
- Wiederholung und gegebenenfalls die Erweiterung der Mängelbeschreibung
- Hinweis auf Versäumnis des Vermieters
- Nachdrückliche Aufforderung zur Instandsetzung
- Ankündigung der nächsten Schritte (zum Beispiel Mietminderung), um Instandsetzung zu erzwingen

Auch weitere Briefe an den Vermieter sollten Sie stets per Einschreiben verschicken. Sie finden hier zwei Musterbriefe, die Ihnen als Vorlage dienen können:

Mängelanzeige durch Mieter – Seite 103
Zweite Mängelanzeige durch Mieter: Mietminderung – Seite 104

Wie Sie Widerspruch gegen Mieterhöhung einlegen

Da sich die Gesetzeslage immer wieder ändert, sollten Sie sich genau darüber informieren, bevor Sie in eine Erhöhung der Miete einwilligen.

Welcher Mieter hätte nicht schon unter den sprunghaften Erhöhungen seines Mietzinses gelitten! Allerdings kann ein Vermieter die Erhöhung einer Miete nicht einseitig erklären, sondern muss die ausdrückliche Zustimmung des Mieters einholen. Der Mieter wiederum kann dann aber die Mieterhöhung nicht einfach zurückweisen, sondern darf dies nur tun, wenn die rechtlichen Bestimmungen für eine Mieterhöhung nicht hinreichend beachtet wurden. Zu diesen Bestimmungen gehört beispielsweise, dass die letzte Mieterhöhung mindestens ein Jahr zurückliegen muss. Dazu gehört auch, dass die Mieterhöhung ausdrücklich begründet wird und nachprüfbar ist. Eine mögliche Begründung ist der Verweis auf die Übereinstimmung mit dem örtlichen Mietspiegel.
Für weitere Bestimmungen konsultieren Sie bitte spezielle Nachschlagewerke oder einen Rechtsbeistand. Wenn Sie gegen eine Mieterhöhung Widerspruch einlegen wollen, gliedern Sie Ihr Schreiben in der folgenden Weise, und versenden Sie es unbedingt als Einschreiben:

Stichworte für die inhaltliche Gestaltung

Auch bei einem Einspruch gegen eine Mieterhöhung müssen Sie die gesetzlichen Bestimmungen beachten und sich an bestimmte Fristen halten.

- Präziser Verweis auf Brief des Vermieters (Mieterhöhung) mit Datum
- Widerspruch gegen Mieterhöhung
- Begründung des Widerspruchs
- Angaben zum weiteren (rechtskonformen) Vorgehen des Mieters
- Bitte um schriftliche Bestätigung durch den Vermieter

Als beispielhaften Brief finden Sie hier:

✉ Widerspruch gegen Mieterhöhung – Seite 106

Wie Sie Ihre Wohnung kündigen

Die Kündigung eines Mietverhältnisses muss immer schriftlich erfolgen, auch wenn der Mieter die Kündigung ausspricht. Als Mieter brauchen Sie keinen besonderen Grund dafür anzugeben, müssen allerdings die vertraglichen oder gesetzlichen Fristen beachten. Die kürzeste gesetzliche Kündigungsfrist beträgt drei Monate, sie verlängert sich dann je nach Dauer des Mietverhältnisses. Bei Mieterhöhungen und bei Modernisierungen besteht ein Sonderkündigungsrecht des Mieters, sodass er in kürzerer Frist die Wohnung verlassen kann.

Bei schwerer schuldhafter Vertragsverletzung durch den Vermieter kann der Mieter auch fristlos kündigen. Sollte dies der Fall sein, müssen Sie sich genau über die Bestimmungen und gesetzlichen Grundlagen informieren. Gliedern Sie Ihr Kündigungsschreiben in der folgenden Weise, und verschicken Sie es grundsätzlich als Einschreiben:

Sehen Sie sich Ihren Mietvertrag genau an, bevor Sie ihn unterschreiben. Die Kündigungsfrist muss darin angegeben sein.

Stichworte für die inhaltliche Gestaltung

- Name und Adresse aller Mieter (Mietvertrag) als Absender, Datum
- Korrekte und vollständige Anschrift des Vermieters
- Eindeutige Aussage zur Kündigung des Mietvertrages mit Angabe des Kündigungstermins
- Angabe, ob Kündigung fristgemäß oder aus besonderem Anlass erfolgt
- Freigestellt: Grund für Kündigung
- Unterschrift aller Mieter

Sie finden als Musterbrief:

Kündigung eines Mietvertrags durch den Mieter – Seite 107

Moritz und Yvonne Kastelner 29. Oktober 200X
Columbusweg 31
71765 Kreuzstatt

Schwäbische Nachrichten
Anzeigenabteilung
Karlsplatz 7
70432 Stuttgart

Chiffre-Anzeige SP 056 vom 29. Oktober 200X
3-Zimmer-Wohnung

Sehr geehrte Damen und Herren,

wir suchen eine 3-Zimmer-Wohnung in Stuttgart und sind daher an Ihrem Angebot sehr interessiert. Wir sind eine kleine, dreiköpfige Familie, zu der meine Frau, unser achtjähriger Sohn und ich selbst gehören.

Zur Zeit leben wir in Kreuzstatt, also etwa 50 Kilometer von Stuttgart entfernt. Vor allem für meine Frau, die im Zentrum Stuttgarts eine Teilzeitarbeit als Fachverkäuferin wahrnimmt, sind die täglichen Fahrtstrecken zu lang geworden. Daher haben wir den Wunsch, eine Wohnung möglichst in zentraler Lage Stuttgarts anzumieten. Ich selbst befinde mich in einer beruflichen Übergangssituation. Nachdem ich ein Jahr lang an einer Arbeitsförderungsmaßnahme als Bauzeichner für CAD-Technik teilgenommen habe, bin ich zur Zeit auf Stellensuche mit allerdings sehr guten Perspektiven. In jedem Fall ist auch in dieser beruflichen »Zwischenzeit« ein gutes regelmäßiges Familieneinkommen durch das Gehalt meiner Frau und die Unterstützungszahlungen des Arbeitsamtes gewährleistet.

Wir wünschen uns ein ruhiges Haus mit freundlichen Mitmietern und sind an einem längerfristigen Mietverhältnis interessiert. Über einen Besichtigungstermin würden wir uns freuen. Sie erreichen uns tagsüber und abends unter der Telefonnummer 0724-234654.

Mit freundlichen Grüßen

Moritz Kastelner

Herbert Schlosser 30.10.200X
Metzer Str. 6
70234 Stuttgart

Schwäbische Nachrichten
Anzeigenabteilung
Karlsplatz 7
70432 Stuttgart

Chiffre-Anzeige ST 231 vom 29.10.200X
Vermietung einer 4-Zimmer-Wohnung

Sehr geehrte Damen und Herren,

Sie inserieren eine zentrale 4-Zimmer-Wohnung in Stuttgart zur langfristigen Vermietung. Ich bin an Ihrem Wohnungsangebot sehr interessiert.

Seit nunmehr zwei Monaten lebe und arbeite ich in Stuttgart. Zur Zeit suche ich dringend eine große, komfortable Wohnung. Ich bin Verkaufsleiter bei der Silco GmbH, verfüge über ein überdurchschnittliches Einkommen und werde auf längere Sicht in Stuttgart tätig sein. Ich suche eine Wohnung ausschließlich für mich, werde aber regelmäßig an Wochenenden Besuch von meinem Sohn aus geschiedener Ehe haben.

Über einen Besichtigungstermin würde ich mich sehr freuen. Sie erreichen mich tagsüber unter der Nummer 834-654387.

Mit freundlichen Grüßen

Herbert Schlosser

Karin und Ewald Pleiners 12. Juni 200X
Wolfgangstr. 5
01544 Marchow

Einschreiben

Hausverwaltung Zehetmaier
Herrn Manfred Stiefel
Kollwitzstr. 82
01544 Marchow

Schadensmeldung

Sehr geehrter Herr Stiefel,

seit gestern ist die Klingelanlage zu unserer Wohnung vollständig ausgefallen. Damit sind wir für Besucher nicht erreichbar. Eine schnelle Reparatur ist umso dringender, da mein Mann zur Zeit bettlägerig ist und Hausbesuche von Ärzten empfängt.

Bitte veranlassen Sie die sofortige Reparatur der Anlage. Zur Vereinbarung eines Termins mit dem Handwerker sind wir jederzeit unter der Telefonnummer 7 23 45 erreichbar.

Mit freundlichen Grüßen

Karin Pleiners

Karin und Ewald Pleiners
Wolfgangstr. 5
01544 Marchow

20. Juni 200X

Einschreiben mit Rückschein

Hausverwaltung Zehetmaier
Herrn Manfred Stiefel
Kollwitzstr. 82
01544 Marchow

Schadensmeldung vom 12. Juni 200X
Unser Telefongespräch vom 16. Juni 200X

Sehr geehrter Herr Stiefel,

in meinem Brief vom 12. Juni 200X habe ich Sie über den Ausfall unserer Klingelanlage informiert und über die Probleme, die dies insbesondere für die dringende ärztliche Versorgung meines Mannes mit sich bringt.

In einem Telefonat am 16. Juni habe ich meinem Anliegen noch einmal Nachdruck gegeben. Sie haben mir dabei zugesagt, noch am selben Tag einen Elektriker zu beauftragen.

Doch ist danach nichts geschehen. Unsere Klingelanlage ist weiterhin außer Funktion, ein Elektriker hat sich bei uns nicht gemeldet.

Ich fordere Sie hiermit noch einmal auf, für eine umgehende Reparatur zu sorgen. Vorsorglich weise ich darauf hin, dass ich vom 1. Juli 200X an den Mietzins um 10 Prozent kürzen werde, da der Ausfall der Klingelanlage eine erhebliche Minderung des Wohnwerts darstellt.

Selbstverständlich werde ich wieder den ungekürzten Mietpreis zahlen, sobald die Reparatur erfolgt ist.

Mit freundlichen Grüßen

Karin Pleiners

Carmen Stichler 06.09.200X
Pfeiffer-Str. 19
34885 Geldern

Herrn
Alfons Göbel
Ostwall 4
34885 Geldern

Widerspruch gegen Mieterhöhung
Ihr Schreiben vom 02.09.200X

Sehr geehrter Herr Göbel,

in Ihrem Schreiben bitten Sie um meine Zustimmung für die Erhöhung des monatlichen Mietzinses. Ich kann allerdings die von Ihnen gewünschte Erhöhung der Miete nicht akzeptieren. Nach geltendem Mietrecht muss die Erhöhung des Mietzinses ausdrücklich begründet werden. Eine solche Begründung aber findet sich in Ihrem Schreiben nicht.

Darüber hinaus liegt der von Ihnen genannte Mietpreis deutlich, und zwar um ca. 30 Prozent, oberhalb der Vergleichsmiete des aktuellen Mietspiegels der Stadt Geldern.

Daher werde ich auch weiterhin den bislang vereinbarten Mietpreis an Sie zahlen und bitte um Ihr Einsehen.

Mit freundlichen Grüßen

Carmen Stichler

Karl-Heinz Thomas
Mariusring 2
82547 Saale

18.03.200X

Einschreiben

Nuova Casa GmbH
Frau C. Lachert
Traunsteiner Str. 51–53
82554 Moosdorf

Kündigung des Mietverhältnisses
Mietvertrag vom 23.10.200X

Sehr geehrte Frau Lachert,

da ich selbst Wohneigentum erworben habe, möchte ich meine jetzige Wohnung aufgeben. Ich kündige hiermit das Mietverhältnis über meine Wohnung Mariusring 2, 2. Stock links, in 82547 Saale vertragsgemäß zum 30.06.200X.

Für eine fachgerechte Renovierung werde ich entsprechend § 8 des Mietvertrages rechtzeitig Sorge tragen.

Ich danke Ihnen für die gute Atmosphäre und die problemfreie Zusammenarbeit zwischen Vermieter und Mieter über die ganze Laufzeit meines Mietvertrages.

Mit freundlichen Grüßen

Karl-Heinz Thomas

Bei Problemen in der Nachbarschaft

Gute Nachbarschaft beweist sich in gegenseitiger Rücksichtnahme und in selbstverständlicher Hilfsbereitschaft. Sie schließt die Fähigkeit ein, Konfliktherde möglichst schnell zu löschen und zu beseitigen, besteht doch ansonsten die Gefahr eines unabsehbaren zwischenmenschlichen Kleinkriegs auf engstem Raum. Gute Nachbarn wissen schließlich, dass ihre eigene Lebensform nur eine von vielen möglichen ist und dass jeder Mensch nach seiner Façon selig werden sollte. Leben und leben lassen – und Grenzen erst dort ziehen, wo das friedliche Zusammenleben der Hausgemeinschaft oder Nachbarschaft empfindlich gestört wird.
Auch in nachbarschaftlichen Verhältnissen, die im Großen und Ganzen diese Voraussetzungen erfüllen, kommt es hin und wieder zu Konflikten oder klärungsbedürftigen Situationen.

Konfliktsituationen in der Nachbarschaft sind wohl unvermeidlich, leben wir doch in unserer unmittelbaren Umgebung immer auch mit unterschiedlichen Generationen, Kulturen und Persönlichkeiten zusammen.

Wann Sie zu Papier und Stift greifen

Soweit sich Nachbarn untereinander kennen und regelmäßig begegnen, lassen sich solche Probleme wie nächtlicher Lärm oder Nichtbeachtung der Hausordnung am schnellsten im persönlichen Gespräch klären. Das ist aber nicht immer der Fall. In vielen Häusern oder Straßen, ganz besonders in größeren Städten, leben Nachbarn weitgehend anonym nebeneinander und kennen sich oft nur dem Namen nach.
Auch in anderen Fällen ist die Schriftform ein angemessenes Mittel, um Reibungspunkte zwischen Nachbarn in Worte zu fassen und eine Klärung herbeizuführen: z. B., um allen Parteien der Nachbarschaft dieselbe Mitteilung zu machen, um einer Beschwerde deutlicher Nachdruck zu verleihen oder um einem leicht erregbaren Nachbarn in aller Ruhe die eigene Meinung zu übermitteln.

Ein persönliches Gespräch mit einem letztlich unbekannten Nachbarn aufzunehmen kann oft schwieriger sein als die Niederschrift eines Briefes.

Der Ton macht die Musik

In bestimmten Situationen werden Sie sicher gezwungen sein, deutlich und scharf Position zu beziehen.

Briefen zwischen Nachbarn sollte grundsätzlich eines gemeinsam sein: Sie werden geschrieben, um ein Problem aus der Welt zu schaffen und einen Konflikt so zu regeln, dass alle Seiten damit leben können. Sie sind also nicht darauf angelegt, eine Konfliktsituation anzuheizen, sondern sie zu lösen. Dieser konstruktive Ansatz fordert dann auch einen bestimmten Stil. Gefordert ist folglich ein Tonfall, der nicht gereizt, übellaunig oder gar rüpelhaft, sondern in der Regel freundlich und verbindlich ist. Natürlich gibt es zwischen Nachbarn bisweilen Situationen, in denen »Tacheles« geredet werden muss. Aber man sollte nie das Ziel vergessen, eine tragfähige Einigung zwischen unterschiedlichen Interessen zu erreichen. Briefe an Nachbarn werden in persönlichem, nicht-formalem Ton geschrieben.

Stichworte für die inhaltliche Gestaltung

Leben und leben lassen: Jeder Brief zwischen Nachbarn sollte – zwischen den Zeilen – diesem Grundsatz Ausdruck geben.

Bei Beschwerden

- Appell an die Werte guter Nachbarschaft oder die bisherige gute Erfahrung miteinander
- Ruhige, möglichst objektive Beschreibung des Problems
- Eindringliche Darstellung der eigenen Sichtweise
- Konstruktiver Lösungsvorschlag
- Bitte um Einsicht und entsprechendes Handeln
- Noch einmal: Appell an gute Nachbarschaft

Bei Entschuldigungen

- Verweis auf den Sachverhalt ohne Beschönigungen
- Glaubwürdige Entschuldigung
- Hoffnung auf Verständnis und Zusicherung der Besserung
- Symbolischer Handschlag

Beispiele für verschiedene Situationen

Es gibt viele, sehr unterschiedliche Anlässe für ein Schreiben zwischen Nachbarn. Sie finden hier eine kleine Auswahl an Briefen zu typischen Problemsituationen, die sich im nachbarschaftlichen Miteinander ergeben können. Es handelt sich hierbei durchwegs um positive Beispiele zur Beilegung möglicher Konflikte. Die Briefe sind auf Verständigung und einvernehmliche Lösungen angelegt, ohne allerdings auf eine klare Darstellung der Situation und des eigenen Standpunktes zu verzichten. Falls Sie überhaupt keine Antwort auf Ihre Schreiben erhalten und sich kein persönliches Gespräch ergibt, sollten Sie an weitere Schritte denken. Teilen Sie dies in einem Schreiben in aller Deutlichkeit mit, und betonen Sie gleichzeitig, dass es für Sie sehr unangenehm und vermeidbar wäre.
In einem Schreiben werden Sie allerdings auch einen schärferen Ton herauslesen können, der in diesem Fall vollauf gerechtfertigt ist. Es ist die Antwort auf eine Beschwerde, die hier (als extrem negatives Beispiel) nicht abgedruckt ist und die sich auf den Lärm spielender Kinder bezieht. Abgedruckt ist dagegen ein zweiter Beschwerdebrief zum gleichen Thema, der die Grundregeln der Verständigung zwischen Nachbarn in vertretbarer Weise beachtet.

Probleme und Streitigkeiten zwischen Nachbarn sollten bereits in den Anfängen ausgeräumt und bereinigt werden. So vermeiden Sie, dass ein Kleinkrieg ausbricht, der letztendlich nicht mehr beigelegt werden kann.

Cornelia und Sebastian Kornenke 30. März 200X
Domstr. 4
47456 Florsheim

An alle Mietparteien

Liebe Mitbewohner des Hauses Domstr. 4,

seit langem leiden wir in unserem Haus an der zunehmenden Lärmbelastung von der Domstraße her. Der Straßenverkehr hat in den letzten Jahren stark zugenommen, und nachts gibt es durch die Neueröffnung von Kneipen und Restaurants sehr viel mehr Ruhestörungen als früher.

Lärm dämmende Maßnahmen sind daher dringend nötig, und sie sind durchaus möglich. Beispielsweise haben unsere Fenster auch an der Vorderfront immer noch einfaches Fensterglas und sind nicht lärmgeschützt.

Wir denken, dass es an der Zeit ist, unseren Hausbesitzer zu Lärmschutzmaßnahmen zu bewegen. In den letzten Wochen haben wir ja mit einigen von Ihnen über dieses Thema gesprochen und sind auf breite Zustimmung gestoßen. Wir möchten gerne alle Mieter des Hauses für eine gemeinsame Initiative zum Einbau von Lärmschutzfenstern gewinnen. Lassen Sie uns dafür zusammenkommen und über ein gemeinsames Vorgehen diskutieren. Für eine solche Mieterversammlung stellen wir gerne unsere Wohnung zur Verfügung. Wir schlagen vor, dass wir uns dort am Freitag der nächsten Woche, also am 9. April, abends um 19 Uhr treffen.

Wenn Sie zu diesem Termin nicht kommen können oder mit unserer Initiative nicht einverstanden sind, geben Sie uns doch bitte Nachricht.

Mit nachbarschaftlichen Grüßen

Cornelia und Sebastian Kornenke

Marek Tumal
Leibnizstr. 56
37658 Gedern

1. Dezember 200X

Herrn und Frau Giesen

Im Haus

Sehr geehrte Frau Giesen, sehr geehrter Herr Giesen,

seit Sie vor etwa einem halben Jahr in dieses Haus eingezogen sind und unsere Flurnachbarn wurden, hat es regelmäßig Anlass zu Beschwerden gegeben. Mindestens einmal pro Woche mussten wir oder andere Mieter dieses Hauses spät in der Nacht bei Ihnen ruhestörende Lärmbelästigung abmahnen. Die zweiwöchentliche Verpflichtung zur Treppenreinigung ist von Ihnen nur sehr lückenhaft und nachlässig erfüllt worden. Da Sie trotz aller zunächst freundlichen und gut nachbarschaftlichen Gesprächsversuche offenbar keine Einsicht zeigen und sich rücksichtslos über die Interessen der Hausgemeinschaft hinwegsetzen, wähle ich ab sofort den Schriftweg, um Sie auf Verstöße gegen die Hausordnung und gegen die Gebote guter Nachbarschaft und wechselseitigen Respekts aufmerksam zu machen. Eine Kopie dieses Schreibens und gegebenenfalls weiterer Schreiben werde ich an die Hausverwaltung schicken.

Seit etwa einer Woche haben Sie in einem Zimmer, das eine gemeinsame Wand mit unserem Schlafzimmer hat, ein Keyboard aufgestellt. Sie machen offenbar Ihre ersten musikalischen Erfahrungen auf diesem Instrument, und zwar bevorzugt nach Mitternacht. Sie haben zugleich die Tonausgabe auf volle Lautstärke eingestellt, weit jenseits der Zimmerlautstärke, sodass während Ihrer nächtlichen Übungszeiten an Schlafen nicht zu denken ist. Ich fordere Sie hiermit zu folgender Regelung auf:

a) Bei nächtlichen Übungszeiten sollten Sie Ihr Keyboard auf Zimmerlautstärke einstellen.
b) Ansonsten schlagen wir vor, mit uns bestimmte Zeiten abzustimmen, in denen Sie problemlos üben können, etwa am frühen Abend.

Ich bitte Sie nachdrücklich um Ihre nachbarschaftliche Kooperation.

Mit freundlichen Grüßen

Marek Tumal

Max Sutter
Voltastr. 53
01897 Kleinmachnow

14. Mai 200X

Herrn und Frau Lorenz
Voltastr. 53
01897 Kleinmachnow

Sehr geehrte Frau Lorenz, sehr geehrter Herr Lorenz,

jedes Lebensalter hat seine Eigenheiten. Kinder toben gerne herum, lieben Krach und haben noch wenig Gespür für zumutbare Lärmbelästigungen ihrer Umgebung. Alte Menschen, zu denen ich mich notgedrungen zähle, lieben die Ruhe, brauchen ihren Mittagsschlaf und reagieren empfindlich auf Lärmentwicklungen. Dazwischen stehen die Lebensalter, die aufgrund ihrer Position zwischen den Jungen und den Alten am ehesten als Mittler zwischen ihnen eintreten können, wenn es zu Konflikten kommt.

Nach dieser etwas wolkigen Vorrede komme ich zur Sache: Ich bin ein alter Mann mit Ruhebedarf gerade in den frühen Nachmittagsstunden. Eben dies aber ist die Zeit, in der Ihre beiden Kinder, häufig zusammen mit Freunden, die Spielflächen im Hinterhof lautstark für sich nutzen. Da mein Schlafzimmer zum Hinterhof liegt, ist an Schlaf zwischen 13 und 15 Uhr schon lange nicht mehr zu denken. Ich habe wiederholt versucht, Ihre Kinder auf direktem Wege zu weniger lautstarken Lebensäußerungen zu ermahnen, aber ohne nachhaltigen Erfolg. Natürlich ohne Erfolg, würde ich sagen, denn es sind nun einmal Kinder mit ihrem spontanen, unkontrollierten Äußerungsdrang.

Umso mehr möchte ich Sie als Eltern bitten, hier regulierend einzugreifen. Es geht mir nicht darum, »stumme« Kinder als Mitbewohner im Hause zu haben, natürlich nicht. Ihre Kinder sollen selbstverständlich auch den Hinterhof für ihre Spiele nutzen können. Aber ich möchte Sie bitten, mit Ihren Kindern andere Regelzeiten für diese Spiele abzusprechen, die Stunden nach der Mittagsruhe, den späteren Nachmittag also. Eine solche Regelung wäre im Sinne eines friedlichen, rücksichtsvollen Zusammenlebens der verschiedenen Generationen und Parteien in unserem Haus.

Ich hoffe auf Ihr Verständnis.

Mit nachbarschaftlichen Grüßen

Max Sutter

Helga und Sven Lorenz 17. Mai 200X
Voltastr. 53
01897 Kleinmachnow

Herrn
Max Sutter

Im Haus

Sehr geehrter Herr Sutter,

Ihren Brief und Ihr Anliegen haben wir uns sehr zu Herzen genommen. Auch uns ist daran gelegen, dass alle Hausparteien in solidarischer und verständnisvoller Weise miteinander umgehen und ein gutes Klima im Haus geschaffen wird.

Dazu zählt selbstverständlich die wechselseitige Rücksichtnahme zwischen den Generationen, deren Eigenheiten Sie sehr plastisch beschreiben.

Wir haben mittlerweile mit unseren Kindern gesprochen und ihnen die Situation erklärt. Anschließend haben wir folgende Regelung vereinbart: Nach dem Mittagessen bleiben Daniel und Ole zunächst einmal im Haus und machen ihre Hausaufgaben oder spielen in ihrem Zimmer. Nach 15 Uhr können sie dann im Hinterhof spielen und sich dort auch mit Freunden treffen.

Damit ist – so hoffen wir – Ihrem Ruhebedürfnis Rechnung getragen. Dass Kinder grundsätzlich Bewegungsfreiheit brauchen und sich auch lärmend äußern, darüber gibt es offenkundig auf beiden Seiten keinen Zweifel.

Wir haben nach Ihrem Brief den angenehmen Eindruck, dass mögliche Problemfälle schnell in beiderseitigem Verständnis aus der Welt zu schaffen sind.

Mit nachbarschaftlichen Grüßen

Helga Lorenz   Sven Lorenz

Helga und Sven Lorenz
Voltastr. 53
01897 Kleinmachnow

29. Mai 200X

Herrn
Dr. Teichmann

Im Haus

Ihr Schreiben vom 25. Mai 200X

Sehr geehrter Herr Dr. Teichmann,

in Ihrem Brief appellieren Sie an nachbarschaftliche Tugenden wie gegenseitige Rücksichtnahme und insbesondere Respekt vor dem Ruhebedürfnis der anderen Hausbewohner. Wir teilen die Vorstellung einer Hausgemeinschaft, in der alle Teile verständnis- und rücksichtsvoll miteinander umgehen. Aber gehört dazu nicht auch der Respekt für die besondere Situation junger Familien und das Verständnis für Kinder mit ihrem typischen Bewegungs- und Äußerungsdrang? Ist es nicht Aufgabe aller Generationen im Haus, nicht nur das eigene Interesse einzufordern, sondern auch die Eigenheiten der anderen zu verstehen und zu akzeptieren?

Wir lesen aus Ihrem Brief nur eine sehr einseitige Beschwerde über den Lärm unserer Kinder, nicht aber einen konstruktiven Vorschlag, wie denn Ihr Bedarf an Ruhe und der Bedarf unserer Kinder an Spiel und Bewegung in Einklang gebracht werden könnte. Was Sie fordern, erscheint uns – mit Verlaub gesagt – hartherzig und vollkommen realitätsfern. Sie wollen, dass wir unsere Kinder in der Wohnung halten und ihnen das Spielen im Hof und vor dem Haus verbieten. Wollen Sie wirklich, dass wir unsere Kinder kasernieren? Glauben Sie, dass wir unserer Verantwortung als Eltern dadurch gerecht werden, dass wir unsere Kinder vor dem Fernseher ruhig stellen?

Lassen Sie uns bitte ernsthaft und seriös über mögliche Kompromisse nachdenken, die allen Teilen gerecht werden. Wir haben ja durchaus Verständnis für das Ruhebedürfnis älterer Menschen, fordern aber zugleich das Recht von Kindern ein, sich alterstypisch bemerkbar zu machen. Um einen Schritt vorwärts zu kommen, werden wir mit unseren Kindern feste Zeiten vereinbaren, in denen sie im Hof und vor dem Haus spielen und herumtollen können. Diese Zeiten werden nach den Stunden der Mittagsruhe liegen, also nach 15 Uhr.

Wir würden uns freuen, wenn Sie zu einem Gespräch über die konkrete Ausgestaltung solcher Regelungen bereit wären. Nur auf diesem Wege schaffen wir es, in gegenseitigem Respekt zu einer gut funktionierenden Hausgemeinschaft zu werden.

Mit freundlichen Grüßen

Helga Lorenz

Sven Lorenz

Franca Marsiglia 20. Oktober 200X
Bredowstr. 4
38765 Staade

Frau
Susanne Lohberg
Bredowstr. 4
38765 Staade

Sehr geehrte Frau Lohberg,

ein persönliches Gespräch wäre sicherlich besser geeignet, den Anlass meines Schreibens zu klären. Doch habe ich in der letzten Zeit den Eindruck, dass unser nachbarschaftliches Verhältnis gestört ist und ein Gespräch über ein kritisches Thema keine Aussicht auf Erfolg hätte. Ich schreibe Ihnen daher, um in aller Ruhe und ganz sachlich mein Anliegen vorzutragen.

Seit ich zurückdenken kann, haben wir in unserem Haus eine Putzordnung. Sie besagt, dass jeder Mieter für einen Teil der Treppenreinigung verantwortlich ist, und zwar für den Treppenabsatz seines Stockwerks und die Stufen abwärts bis zum darunter liegenden Stockwerk. Da auf jedem Stockwerk zwei Wohnungen liegen, teilen sich die Mieter eines Stockwerks diese Verpflichtung im wöchentlichen Wechsel.

Nun liegen unsere Wohnungen auf demselben Stockwerk, wir sind also gemeinsam für die Reinigung unseres Treppenabschnitts verantwortlich. Leider beobachte ich seit nunmehr etwa drei Monaten, dass Sie Ihren Anteil an der Reinigung nicht mehr übernehmen. Sie haben die Treppe seit Juli nicht mehr geputzt. Auch meine mündlichen Erinnerungen im August und September haben offenbar nichts bewirkt. Ich bitte Sie daher auf diesem Wege noch einmal nachdrücklich, regelmäßig alle zwei Wochen diese kleine Verpflichtung zur Treppenreinigung zu erfüllen. Es handelt sich um eine kleine gemeinschaftliche Verpflichtung der Hausgemeinschaft gegenüber, nicht um einen privaten Ordnungszwang Ihrer Nachbarin!

Bitte nehmen Sie mein Anliegen ernst. Bevor sich das Klima vergiften könnte oder die Hausverwaltung aktiv wird, sollten wir unser kleines Problem auf direktem Wege lösen. Es braucht ja gar nicht viel für eine problemfreie, harmonische Nachbarschaft.

Mit freundlichen Grüßen

Franca Marsiglia

Joseph Weigert
Augustusplatz 6
02786 Karlstein

18.08.200X

Herrn
Werner Brunner
Augustusplatz 6
02786 Karlstein

Sehr geehrter Herr Brunner,

leider ist es mir seit zwei Wochen nicht möglich, Sie persönlich anzusprechen. Ich habe mehrfach bei Ihnen an der Haustür geklingelt, aber offenkundig sind Sie viel unterwegs und kaum einmal zu Hause. Daher wähle ich nun den schriftlichen Weg, um mein Anliegen vorzutragen.

Vor mehr als einem Monat habe ich in Ihrer Abwesenheit für Sie eine Nachnahmesendung angenommen. Ich habe damals DM 73,40 an den Boten bezahlt und Ihnen das Paket mit Quittung vor Ihre Tür gelegt. Bei einer späteren Begegnung im Treppenhaus sicherten Sie mir zu, die geschuldete Geldsumme noch am selben Tag bei mir vorbeizubringen. Das allerdings geschah bis heute nicht.

Vier Wochen sind eine lange Zeit, und bevor die Angelegenheit ganz in Vergessenheit gerät, möchte ich Sie hiermit an den ausstehenden Betrag erinnern.

Angesichts der räumlichen Nähe zwischen Nachbarn dürfte die Geldübergabe tatsächlich keine große Mühe machen.

Ich gehe weiterhin davon aus, dass Ihnen wie mir an einem guten nachbarschaftlichen Verhältnis gelegen ist und daher diese leidige Geschichte sehr bald, möglichst noch in dieser Woche, bereinigt sein wird.

Mit freundlichen Grüßen

Joseph Weigert

Karin Maslow
Pinneberger Str. 81
29554 Carstensen

17. April 200X

An alle Hausbewohner

Liebe Mitbewohner des Hauses Pinneberger Str. 81,

am vergangenen Samstag habe ich in meiner Wohnung eine Geburtstagsparty veranstaltet, über die ich Sie ja vorab informiert hatte. Leider ist es während der Feier zu Auseinandersetzungen zwischen einigen meiner Gäste gekommen. Die lautstarken Streitigkeiten waren in den frühen Morgenstunden im ganzen Haus zu hören und haben die Nachtruhe aller Hausbewohner empfindlich gestört.

Für diese Belästigung, die über den üblichen Partylärm hinausging, möchte ich mich ausdrücklich bei Ihnen entschuldigen. Ich versichere Ihnen, dass solche Auseinandersetzungen in meinem Freundes- und Bekanntenkreis bislang niemals vorgekommen sind und mich die Situation daher vollkommen unvorbereitet traf. Leider sind menschliche Reaktionen – gerade wenn Alkohol im Spiel ist – nicht immer zu kontrollieren. Bitte haben Sie Verständnis. Ich versichere Ihnen, dass ich bei zukünftigen Gelegenheiten noch sorgfältiger als bisher meine Gäste aussuchen werde!

Mit freundlichen Grüßen

Karin Maslow

Marion und Edwin Brinker 04.03.200X
Chamissoplan 23
10456 Berlin

Herrn und Frau Konrad
Im Haus

Liebe Nachbarn,

nun ist bereits mehr als ein Jahr vergangen, seit wir den Kontakt eingestellt haben und nicht einmal mehr ein Wort miteinander wechseln. Der Anlass dazu erscheint uns aus heutiger Sicht ziemlich geringfügig und wir möchten Ihnen die Versöhnung anbieten! Es ist doch wirklich furchtbar anstrengend, im Hausflur wegzusehen, wenn man sich begegnet. Es ist traurig, dass wir nicht mehr gegenseitig an unserem Leben teilhaben. Und es wäre einfach eine sehr große Erleichterung, wenn wir wieder den normalen nachbarschaftlichen Verkehr miteinander pflegen würden.

Wenn Sie auch unserer Meinung sind, dann lassen Sie uns Nägel mit Köpfen machen. Wie wäre es, wenn Sie am nächsten Samstag zum Abendessen zu uns kommen würden? Wir feiern das Ende unserer Zwistigkeiten und den Neuanfang einer friedlichen Nachbarschaft!

Wir hoffen auf eine positive Antwort.

Mit nachbarschaftlichen Grüßen

Marion und Edwin Brinker

Lisa und Mark Thelen
Schlossstr. 28
84537 Bödingen

12. November 200X

Herrn und Frau Lorenzer
Schlossstr. 26
84537 Bödingen

Sehr geehrte Frau Lorenzer, sehr geehrter Herr Lorenzer,

so mancher Schuss geht bekanntlich daneben, und derjenige Ihres Sohnes Max traf am vorletzten Samstag leider unser Wintergartenfenster und einen nicht ganz preiswerten Keramiktopf. Wir haben ja gemeinsam die Scherben besichtigt.

Mittlerweile ist das Glas ersetzt und die Keramik neu erstanden – der Schaden ist also behoben, und unser Wintergarten kann wieder genutzt werden. Wir schicken Ihnen die entsprechenden Rechnungen und Angaben zu unserer Bankverbindung zur Weiterleitung an Ihre Haftpflichtversicherung.

Auf weiterhin gute Nachbarschaft und
mit freundlichen Grüßen

Lisa und Mark Thelen

Manuela und Kai Lorenzer
Schlossstr. 26
84537 Bödingen

16. November 200X

Herrn und Frau
Mark und Lisa Thelen
Schlossstr. 28
84537 Bödingen

Sehr geehrte Frau Thelen, sehr geehrter Herr Thelen,

vielen Dank für Ihren freundlichen Brief. Sie haben ja durch die Unachtsamkeit unseres Sohnes nicht nur materiellen Schaden erlitten, sondern mussten auch Zeit und Mühe investieren, um die Folgen zu beheben. Umso mehr freuen wir uns, dass Sie unserem Sohn und uns nichts nachtragen.

Die Rechnungen für Reparatur und Neuanschaffung haben wir selbstverständlich sofort an unsere Versicherung weitergereicht und gehen davon aus, dass Ihre Auslagen in kurzer Zeit von dort erstattet werden. Unser Sohn Max hatte sich ja schon persönlich bei Ihnen entschuldigt, lässt aber auf diesem Wege noch einmal ausrichten, dass er in Zukunft mit doppelter Vorsicht Fußball spielen wird. So hoffen auch wir auf weiterhin gute Nachbarschaft!

Mit freundlichen Grüßen

Ihre Familie Lorenzer

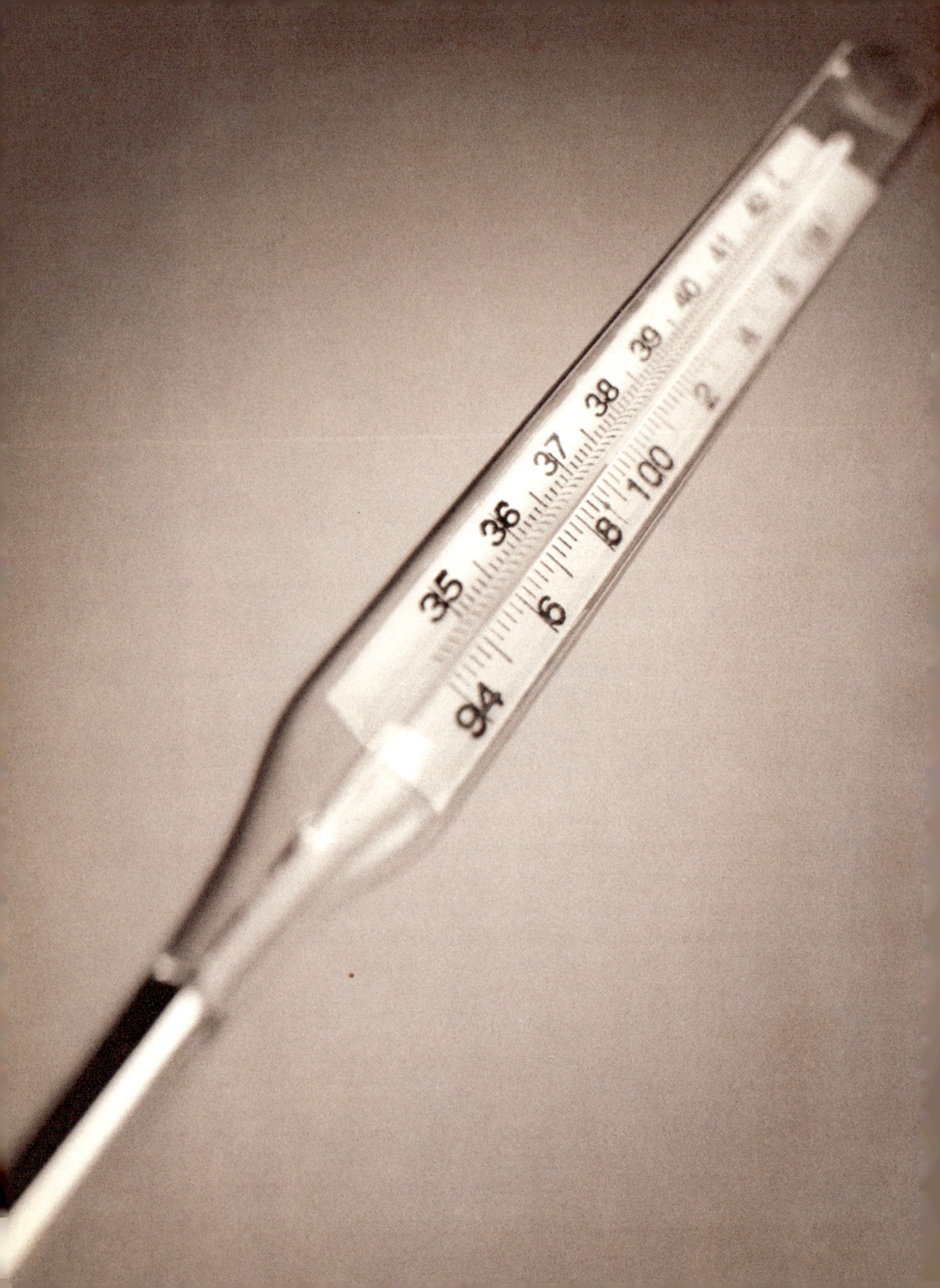
35
36
37
38
39
40
94
6
8
100
2

Briefe an kranke und von kranken Menschen

Briefe an kranke Menschen oder an Angehörige, die schwer Erkrankte betreuen, sollen Mut machen, Mitgefühl ausdrücken und Genesungs- oder Heilungswünsche aussprechen. Sie sollen Trost spenden, wenn es sich um eine unheilbare Erkrankung handelt.
Genauso schwierig ist es für schwer kranke Menschen, Freunde und Verwandte über ihre Situation zu informieren.

Keine leichte Aufgabe ist es, die passenden Worte für einen kranken Menschen zu finden. Denken Sie daran, wie Sie selbst empfinden würden.

Brief an einen kranken Menschen

Solche Briefe erfordern ein hohes Maß an Feingefühl. Trost zu geben ist nicht leicht und gelingt nicht im Rückgriff auf leere Beschwichtigungsformeln. Denn kranke Menschen entwickeln eine höhere Empfindsamkeit, auch gegenüber unredlichem »Gesundreden«. Verzichten Sie unbedingt auf übliche Floskeln, wie »Das wird schon wieder!« oder »Alles wird gut!« Das gilt ganz besonders, wenn es sich um eine sehr schwere Krankheit handelt und Besserung nicht absehbar ist. Wenn Sie kranke Menschen ernst nehmen wollen, dann sollten Sie ihren tatsächlichen gesundheitlichen Zustand samt Prognose realistisch vor Augen haben. Versuchen Sie auf dieser Grundlage, stärkenden Zuspruch und Trost zu geben. Achten Sie mit Sorgfalt darauf, in Briefen an Kranke oder ihre Angehörigen einen persönlichen Ton zu finden. Sicher ist es eine Frage, wie nahe Sie der erkrankten Person oder deren Angehörige stehen.

Stichworte für die inhaltliche Gestaltung

- Aussage, dass und wie man von der Erkrankung erfahren hat
- Ausdruck von Mitgefühl, Verständnis und Solidarität

- Abwägung der belastenden und der hoffnungsvollen Aspekte
- Zuspruch, Trost und stärkende Worte
- Eventuell Angebot für Hilfe oder Besuchsankündigung
- Warmherziger Gruß zum Abschluss

Wie Sie den Brief vorbereiten

Es hängt ganz davon ab, wie schwer die Erkrankung ist. In leichteren Fällen können Sie vielleicht ironisch mit der Situation des Kranken umgehen.

Stellen Sie sich folgende Fragen: Wie geht der Empfänger vermutlich selbst mit seiner Krankheit um? Ist er ein eher optimistischer oder pessimistischer Mensch? Ist er bereit, sich schonungslos Realitäten zu stellen, oder neigt er zum Wegsehen? Ist er ein religiöser, gläubiger Mensch? Wie offen darf ich sprechen?

- **Mitgefühl für todkranken Menschen – Seite 133**
- **Brief an Freund mit Querschnittslähmung – Seite 134**
- **Zuspruch für einen todkranken Menschen – Seite 136**
- **Brief nach schwerer Erkrankung – Seite 138**
- **Zuspruch für Angehörige eines Todkranken – Seite 140**
- **Zuspruch für eine Todkranke (mit christlichem Hintergrund) – Seite 141**
- **Brief an Eltern eines Kindes mit Down-Syndrom – Seite 142**
- **Genesungswünsche nach Unfall – Seite 143**

Brief eines kranken Menschen

Ein solcher Brief ist eine ungeheuer schwere, psychisch belastende Aufgabe. Es ist der Versuch, aus der eigenen existenziellen Grenzsituation heraus den Adressaten den Abschied so leicht wie möglich zu machen. Ein solcher Schritt braucht den Zustand großer geistiger Souveränität und Gelassenheit.

- **Mitteilung über unheilbare Alzheimererkrankung – Seite 144**
- **Mitteilung einer Todkranken an nahe Verwandte – Seite 146**

12. Mai 200X

Lieber Arthur,

deine Nachricht, dass dir die Ärzte nur noch wenige Monate Lebenszeit geben, hat mich ganz aus der Bahn geworfen. Ich kann es einfach nicht fassen und bin weder mit dem Herzen noch mit dem Kopf bereit, ein solches ärztliches Todesurteil hinzunehmen. Auch du bist ja in deinem ganzen Leben immer ein Optimist gewesen, und ich bitte dich, es jetzt umso mehr zu sein. »Die Hoffnung stirbt zu allerletzt«, das war dein Motto, und diese Haltung war mir immer sehr nah und sympathisch. Gib bitte die Hoffnung nicht auf, nicht bis zum letzten Augenblick! Wir alle kennen doch die vielen Berichte über Todkranke, die aufgegeben wurden von ihren Ärzten, ja, die sich selbst aufgegeben hatten und die doch wunderbarerweise wieder gesund wurden oder bei denen die Krankheit im letzten Moment zum Stillstand gekommen ist.

Nein, gib dich nicht auf. Lass den Tod keine Macht über deine Gedanken gewinnen. Schau auf die Schönheit dieser Welt, spüre die Wärme des Frühlingswinds, lausche den Klängen der Musik. Nimm nicht Abschied, sondern halte dich fest an diesem wunderbaren Leben. Ich selbst und viele andere Menschen, die dich lieben, möchten dich mit ihrer Zuneigung festhalten. Hilf ihnen dabei.

Ich warte auf neue Nachrichten von dir, auf gute Nachrichten.

In Liebe
dein

Gerhard

20. Juni 200X

Lieber Carlos,

von deinen Eltern habe ich die furchtbare Nachricht von deinem Unfall erhalten, und ich möchte dir gleich schreiben. Ich hoffe, dass sich dein Allgemeinzustand mittlerweile deutlich verbessert hat und die Schmerzen nachgelassen haben. Was mich mit Sorge erfüllt, ist aber vor allem dein aktueller Gemütszustand. Wir kennen uns ja lange genug, um zu wissen, wie wichtig jedem von uns die persönliche Unabhängigkeit ist, die Freiheit, das zu tun und so zu tun, wie es den eigenen Wünschen entspricht, und dafür auch körperlich fit und mobil zu sein.

Es ist eine peinigende Vorstellung, dass diesem Lebenskonzept und diesem Lebensgefühl von einer Minute zur anderen der Boden entzogen werden kann. Es ist peinigend, von dem Freiheitsmerkmal der körperlichen Unversehrtheit auf Dauer Abschied zu nehmen. Du bist in dieser Situation, und du stehst vor der Anforderung, den Verlust zu akzeptieren, um ein neues Leben organisieren zu können. Ein paar Trostworte helfen da nicht, und ich will es auch gar nicht erst versuchen.

Es ist ja nicht einmal ein Trost zu wissen, dass ein Mensch sich an fast jede neue Situation gewöhnt, sei sie auch mit erheblichen Einschränkungen verbunden. Diese Gewöhnung wird auch bei dir stattfinden, sicherlich. Aber um das Leben wieder positiv anzunehmen, braucht es mehr als die Gewöhnung an körperliche Behinderung und das technische Hilfsmittel des Rollstuhls. Du brauchst die feste Orientierung auf

Ziele, anspruchsvolle Ziele, so wie du sie immer hattest. Ziele verfolgen, Hindernisse überwinden, die eigenen Potenziale ausschöpfen: Das steht auch in Zukunft auf dem Programm, wenngleich die Rahmenbedingungen verändert sind. Das, was dein Lebensgefühl im Kern ausgemacht hat, bleibt weiterhin gültig. Es muss allerdings herausgearbeitet werden aus viel schwierigeren Bedingungen.

Statt leerer Floskeln wie »Kopf hoch« oder »Lass den Mut nicht sinken« sage ich dir daher lieber: Geh weiterhin tatkräftig und ergebnisorientiert die Planungen und Aufgaben an, die dir wichtig sind. Setz deine Ziele lieber höher als niedriger. Und gewinn deine Freiheit zurück, indem du dich löst von dem lähmenden Gedanken an die Schranken der Behinderung.

Ich grüße dich von ganzem Herzen. Lass mich bitte wissen, wie es dir geht und ob dir ein Besuch von mir angenehm wäre.

Florian

15. Mai 200X

Lieber Stefan,

nach unserem traurigen Telefongespräch ist mir das Herz unendlich schwer. Wie gerne wollte ich noch ein wenig Raum für Hoffnung freihalten und dich dazu anspornen, weiter zu kämpfen. Aber du klangst so überzeugt von der Einschätzung der Ärzte und zugleich so einverstanden damit, dass ich es nun nicht mehr wage.

Was ich dir aber sagen möchte: Ich bewundere die Art und Weise, in der du mit deiner Krankheit umgegangen bist – von dem ersten mutigen Widerstand an und über die langen Phasen des erfolgreichen Kampfes hinweg, immer bestärkt von dem unabänderlichen und festen Willen, die Krankheit auf jeden Fall zu besiegen.

Ich bewundere allerdings auch die stoische Haltung, mit der du dich jetzt, wo keine Hoffnung mehr ist, ohne Klage in die unabänderliche Konsequenz einfindest:

»Der Tod ist groß.
Wir sind die Seinen
lachenden Munds …«

Solche Gefasstheit und Gelassenheit in der Nähe des Todes kann wohl nur jemand haben, der wie du ein reiches und erfülltes Leben geführt hat.

Du hast viele Menschen glücklich gemacht, du hast in deiner Arbeit Befriedigung und Erfolg gefunden und selbst in deinen privaten Beziehungen wirktest du glücklich. Bist du ein Glückskind des Lebens gewesen? Ich glaube schon!

Stefan, du wirst mir unendlich fehlen, wenn du gehst. Aber noch ist ja nicht der Zeitpunkt gekommen, um Abschied zu nehmen, noch können wir zusammen sein.
Wir werden uns häufig sehen in der nächsten Zeit, ich werde dich regelmäßig auf der Station besuchen, wenn du willst, – und wir werden uns noch viel zu sagen haben.

In Liebe, deine

Sandra

Frauke Sander
Märkische Straße 17
04637 Lattenberg

24. April 200X

Frau
Karla Strettin
c/o Elisabethenkrankenhaus
Comeniusstr. 5–11
55322 Verlen

Liebe Karla,

heute Morgen kam dein Brief mit der Nachricht von deiner Erkrankung. Ich will dir so schnell wie möglich schreiben, damit du weißt, wie sehr ich an dich denke.

Sicher, diese Nachricht ist ein Schock, und ich kann nachfühlen, wie verzweifelt du bist. Nichts scheint dir mehr wie vorher, alles muss nun mit anderen Augen betrachtet werden. Aber gerade darin liegt ja auch eine Chance, und die gilt es jetzt wahrzunehmen! Bisher war jeder Tag selbstverständlich, das Leben schien ohne Ende dahinzufließen. Nun aber ist diesem Lebensgefühl jäh die Grundlage entzogen, der Gedanke an ein Ende wird unabweislich. Das macht Angst, und es ist doch auch Anlass und Gelegenheit, jeden weiteren Tag, jedes kleine Erlebnis als ein großes Geschenk zu erfahren. Wie besonders ist doch jeder Tag, wie viele Möglichkeiten gibt er zum Genießen und zur Freude, wenn er nicht mehr unbewusst dahingelebt wird!

Aber dies ist ja nur ein Aspekt deiner Situation. Wichtig ist jetzt vor allem die gute Nachricht, die auf die schlechte folgte: dass die Ärzte die Krankheit im Griff haben und dass sie die Prognosen ausgesprochen günstig sehen. Ich brauche dir ja nicht die vielen Krankheitsfälle aus unserem Bekanntenkreis aufzuzählen, bei denen die Ausgangslage weitaus schwieriger war und die doch einen positiven Verlauf genommen haben. Du wirst mit der vergleichsweise begrenzten Gefährdung erst recht fertig werden, und dein Optimismus, deine Energie und deine Lebenskräfte werden dir dabei helfen.

Halte dich ans Leben! Ich bin bei dir mit meinen Gedanken und Wünschen. Wir hören bald wieder voneinander.

Deine

Franke

10. Oktober 200X

Liebe Dorle,

die kommenden Monate werden schwer sein, für Manfred und dich. Wir möchten dir unsere Unterstützung versichern – wende dich bitte an uns, wann immer es nötig ist. Zumindest viele praktische Dinge können wir dir abnehmen, aber auch für Gespräche und Ermutigung sind wir an eurer Seite.

Wir wollen es immer noch nicht glauben, dass Manfreds Lebenszeit zu Ende geht. Das mag zwar die Meinung der Ärzte sein, aber sie sprechen ja kein Todesurteil aus. Es gibt fehlerhafte Diagnosen, es gibt fehlgehende Prognosen. Vor allem gibt es ein starkes menschliches Vermögen zur Selbstheilung, jeder Bericht über »Wunderheilungen« bei Krebs ist ein Zeugnis dafür. Die Hoffnung auf ein gutes Ende bleibt, solange Manfred am Leben ist!

Du sagst, dass du müde bist von den vergangenen Wochen, dass du resigniert hast. Wir möchten dir gerne ein wenig von unserer Zuversicht vermitteln und dir Mut machen. Du bist es ja, die Manfred darin bestärken muss, bis zur letzten Minute zu kämpfen. Und du bist es auch, die ihm Mut machen muss, wenn sein Leben tatsächlich zu Ende gehen sollte.

Gebt bitte jetzt noch nichts verloren, sondern setzt die Stärke des Lebenswillens gegen die Macht der Krankheit. Wir sind an eurer Seite mit jeder Hilfe, die wir geben können.

Anita und Rolf

12. November 200X

Liebe Yasmin, liebste Freundin,

bald werde ich dich besuchen, um Abschied zu nehmen. Wie du mir mitteilst, ist ja die Zeit des Abschieds gekommen. Du hast das letzte Stück deiner Lebensreise angetreten und lässt uns zurück. Aber ich will nicht klagen, denn wie viele Jahre des Lebens waren uns doch geschenkt und wie viele davon standen wir uns als gute Freundinnen so nahe! Ich weiß ja auch, dass wir uns nicht für immer verlieren. Letztendlich werden wir wieder zusammen sein, und dann ohne Unterlass und ohne neuerliche Trennung. Du gehst uns nur voraus und wirst uns dort erwarten, wo Krankheit und Tod keinen Platz mehr haben.

Lass uns noch einmal Erinnerungen austauschen, noch einmal von unseren gemeinsamen Erlebnissen sprechen, unseren Reisen, Menschen… Dann werden wir uns ohne Furcht voneinander verabschieden, denn wir wissen, dass wir aufgehoben sind in der Liebe unseres Erlösers.

Noch wenige Tage, dann werden wir uns umarmen können.

In Liebe

deine

Carola

25. April 200X

Liebe Cora, lieber Alex,

unser Telefongespräch und euer Bericht über eure neugeborene Tochter haben mich im ersten Moment schockiert und bedrückt, wie ihr gemerkt habt. Jetzt, mit etwas Abstand, sehe ich, dass das eine ziemlich beschränkte Sichtweise ist.

Ich möchte euch zunächst sagen, dass ich euren Mut und euren Optimismus bewundernswert finde. Ich bewundere auch die Selbstverständlichkeit, mit der ihr die Krankheit eurer Tochter als wesentliche Tatsache eures zukünftigen Lebens akzeptiert habt. Was ihr so überzeugend ausstrahlt, ist die Gewissheit und die Stärke einer Liebe, die sich unbeirrbar dem neuen Leben zuwendet, das man in diese Welt gesetzt hat. Eine Liebe, die wohl noch größer ist und wächst angesichts der Schutzbedürftigkeit dieses Kindes und der Notwendigkeit, seinen Weg auf besonders fürsorgliche und innige Weise zu begleiten. Ich bin glücklich, dass eure kleine Tochter die denkbar besten Entwicklungsmöglichkeiten haben wird, denn ihr werdet ihr unendlich viel Zuwendung zukommen lassen und sie behutsam ins Leben hineinführen. Vertraut weiterhin auf diese Liebe, und bewahrt euren Mut und eure Zuversicht!

Ich wünsche euch und eurer Tochter alles denkbare Glück.

Von ganzem Herzen

euer

Jan

Manuel Costanza
Marstallstr. 62
77260 Ludwigseck

19.10.200X

Liebe Maxi,

ich kann mir gut vorstellen, wie sauer du gerade bist, auf dich, auf die Welt, auf das Schicksal, das dir so übel mitspielt. Und du hast ja Recht – sich am dritten Urlaubstag das Bein zu brechen, um dann zwei Wochen im Krankenhaus festzusitzen, ist bitter. Da fehlen selbst mir die tröstenden Worte.

So denk ich nur ganz lieb an dich und hoffe, dass du vielleicht doch schneller als erwartet aus deinem Krankenverlies herauskommst. Bis dahin wird dich Jochen mit genügend Lesestoff versorgen, und die eine oder andere Flasche Gewürztraminer wird er sicherlich auch durch das Spalier der strengen Krankenschwestern hindurchschmuggeln. Ach ja, du wirst schon das Beste daraus machen!

Bei dir vorbeischauen kann ich leider nicht; Bolzano ist denn doch zu weit. Ich werde aber am Wochenende anrufen.

Bis dahin liebe Grüße, auch an Jochen

dein

Manuel

12. Februar 200X

Liebe Familie, liebe Freunde,

dies ist ein Brief des Abschieds, des Dankes und der Zuneigung. Vor drei Wochen habe ich ein Untersuchungsergebnis bekommen, das meine schlimmsten Befürchtungen bestätigte: Die Diagnose lautet auf Alzheimerkrankheit im Anfangsstadium. Nach dem ersten Schock und verzweifelten Versuchen, das Urteil zu verweigern und ihm keinen Glauben zu schenken, sind Hanne und ich nun an dem Punkt, dieses Schicksal zu akzeptieren und gemeinsam zu tragen. Ich möchte alle Menschen, die uns lieb sind, frühzeitig über diese Situation informieren und Abschied nehmen, solange meine geistigen Fähigkeiten dazu noch ausreichen.

Es war ja schon eine längere Zeit, dass mein Gedächtnis plötzlich aussetzte. Mal war es ein Wort, das mir einfach nicht mehr einfiel, mal ein Gesicht, das ich nicht wieder erkannte, obwohl ich es doch kennen musste. Dann gab es verwirrende Augenblicke beim Spazierengehen, wo mir altvertraute Straßen und Orte plötzlich fremd waren. Das alles war quälend und bestürzend, war aber auch rasch wieder verdrängt, wenn sich die Situation nicht allzu oft wiederholte. Doch solche Situationen häufen sich nun, und ich kann mich nicht länger der Erkenntnis verschließen, dass sie einmal die andere, bewusste Wahrnehmung der Welt ganz verdunkeln werden. Den wirklich schwierigen Teil wird dann Hanne zu tragen haben. Sie wird unendliche Geduld aufbringen müssen in ihrer Fürsorglichkeit, und sie wird mich auf meinem Weg begleiten und für mich sorgen, so weit es eben möglich ist.

Um unserer alten Vertrautheit und Freundschaft willen bitte ich euch, uns weiterhin nahe zu sein. Auch wenn sich meine Persönlichkeit verändert – behaltet mich in guter, lebendiger und frischer Erinnerung, so wie ich einmal war. Und bitte steht Hanne mit eurer Zuneigung zur Seite!

Ich danke euch für die vielen gemeinsamen Erfahrungen, die uns verbunden haben und die euch bleiben sollen. Euch zu kennen hat mir mein Leben bereichert.

Lebt wohl, und seid gegrüßt mit allen guten Wünschen

euer

Robert

27. März 200X

Liebe Sophie, lieber Reiner,

unser ganzes erwachsenes Leben lang haben wir uns sehr nahe gestanden, wir sind ja nicht nur miteinander verwandt, sondern auch befreundet. Daher sollt ihr frühzeitig wissen, dass mein Krankheitszustand sich nunmehr irreversibel verschlechtert hat. Nach den letzten Untersuchungen haben mir die Ärzte schonend, aber unmissverständlich zu verstehen gegeben, dass ich mich auf meinen Tod innerhalb weniger Monate vorbereiten muss.

Ich habe von meinen Ärzten immer verlangt, dass sie mir offen sagen, wie es um mich steht. Ich bin ihnen auch dankbar, dass sie mich jetzt mit der schrecklichen Wahrheit konfrontiert haben. Und doch war es ein Schock, als sie mir diese Mitteilung machten. Wir haben ja alle nicht gelernt, wie man sich auf das eigene Sterben einstellt und wie man die Nähe des Todes, wenn sie zur unabweisbaren Gewissheit wird, erträgt.

Ihr werdet euch vielleicht vorstellen können, wie mein Gemützustand in diesen Tagen schwankt. Es gibt Momente, in denen ich mich gefasst zu ergeben meine in das Unabänderliche. Dann gibt es die Augenblicke der Verzweiflung und der Angst. Freilich gebe ich mich manchmal auch irrwitzigen Hoffnungen hin, denke an die Geschichten von Todkranken, die nach dem Urteil ihrer Ärzte mit dem Leben abgeschlossen hatten und doch wie durch ein Wunder überlebten. Das sind falsche Hoffnungen, ich weiß es. Aber es ist so unendlich schwer, Abschied zu nehmen und alles zurückzulassen.

Während der vielen Therapien der letzten Jahre war ich zwar oft müde, manchmal auch lebensmüde, aber ich habe doch immer wieder von neuem um das Leben gekämpft, das ich so liebe. Diesen Kampf muss ich jetzt wohl verloren geben. Dennoch versuche ich in diesen Tagen, nicht dem schwarzen Moment des Todes die ganze Macht über meine Gedanken zuzugestehen, sondern zurückzublicken auf mein Leben, dieses so schöne und reiche Leben, das ich hatte. Wenn es einen Trost für mich gibt, dann ist es wohl dieser: dass mein Leben erfüllt war und alles in allem glücklich verlief, in der Gemeinschaft mit meinem Mann, mit meinen Kindern und Enkelkindern, mit den lieben Verwandten und Freunden. Zu diesen guten, starken Erfahrungen gehört auch ihr, und ich möchte euch heute danken für das, was wir uns im Leben waren und sind.

Behaltet mich in euren Herzen, und seid mir auch in den kommenden Wochen nahe. Es wäre schön, wenn wir noch einmal zusammenkommen, auch wenn sich nicht voraussehen lässt, wie mein Krankheitsverlauf sich entwickeln wird. Ich hoffe, dass wir dann noch einmal über die schönen Dinge dieser Welt sprechen können, über die guten Erinnerungen, und dass nicht schon Schmerz und Todesangst überhand genommen haben.

Lebt wohl, und seid von Herzen umarmt

eure

Marianne

Wie Sie Ihr Beileid ausdrücken

Welche Worte sind angemessen, um der Trauer über den Tod eines Menschen Ausdruck zu geben? Was vermittelt glaubwürdig die persönliche Betroffenheit? Wie trifft man den richtigen Ton, der dem Anlass und der Verlusterfahrung der Hinterbliebenen gerecht wird? Den meisten Menschen fällt es schwer, ihrer Trauer im Brief Ausdruck zu geben. Für die extreme Erfahrung des Todes und den Schmerz über den Verlust eines Menschen scheinen die verfügbaren Worte unzureichend zu sein. Aus der Not heraus greifen die meisten Menschen zu Beileidsformeln ohne persönlichen Ausdruck. Es sind vorgestanzte Sprachmuster, letztlich Floskeln, die oft pathetisch gesteigert werden. Für viele formale Beileidsschreiben mag diese konventionelle Trauerbekundung durchaus Genüge tun. Wenn Ihr Beileidsbrief aber mehr sein soll als eine formale Pflichterfüllung, dann verzichten Sie auf solche Floskeln. Schreiben Sie vielmehr einen persönlichen Brief: mit Ihren eigenen Formulierungen, schlicht in der Form, warmherzig im Ton und glaubwürdig in der Aussage.

Viele Menschen haben eine unbestimmte Scheu, über die eigenen Gefühle in persönlicher Weise zu schreiben. Es gibt schließlich die bewusste oder unbewusste Furcht, den tiefen Schmerz, den die Hinterbliebenen erfahren, mit den eigenen Aussagen zu verfehlen.

Stichworte für die inhaltliche Gestaltung

- Anrede
- Aussage, dass man vom Tode des Verstorbenen erfahren hat
- Beschreibung der eigenen Reaktion auf die Todesnachricht
- Beileidsbekundung
- Positive Würdigung der verstorbenen Person
- Beschreibung des eigenen Verhältnisses zu der verstorbenen Person, persönliche Erinnerungen und Erlebnisse
- Einbeziehung der Hinterbliebenen: Verweis auf ihre Situation; Ratschlag, Hilfeangebot; ermutigende, stärkende Aussagen
- Abschließender Gruß

Wie ein Beileidsschreiben aufgebaut sein sollte

Pathetische Floskeln sind eine Art Schutzmauer, hinter der die eigenen Gefühle verborgen bleiben. Mit einem derartigen Beileidsschreiben erfüllt man sicherlich seine Pflicht, öffnet aber nicht das Herz – weder das eigene noch das des Adressaten.

Je näher Ihnen die verstorbene Person oder die Empfänger des Beileidsbriefes stehen, umso intensiver sollten Sie über Ihre eigenen Gefühle und über Ihren persönlichen Bezug zum Verstorbenen sprechen. Beschreiben Sie mit schlichten Worten, was Sie selbst angesichts dieses Todes empfinden, warum Sie dem Verstorbenen nahe standen, was Sie verband. Beschreiben Sie gemeinsame Erfahrungen oder Erlebnisse, und geben Sie der positiven Erinnerung Raum. Ziehen Sie dann auch die trauernden Familienangehörigen in Ihre Teilnahme ein, und bieten Sie gegebenenfalls Ihre (ernst gemeinte) Hilfe an. Verzichten Sie unbedingt darauf, die aktuelle Situation der Hinterbliebenen, ihren Schmerz und ihre Verzweiflung, in Ihrem Brief ausführlich zu beschreiben. Mitgefühl äußert sich in dem kurzen Verweis auf das Wissen um die schmerzliche Lage der Zurückgebliebenen, nicht aber in der dramatischen Ausgestaltung ihrer Situation. Die Aufgabe Ihres Briefes ist es, den Angehörigen Trost zu geben, Mut zu machen und womöglich Ratschläge zu geben, wie sie die Verlustsituation bewältigen können.
Die folgenden Beileidsbriefe dienen als Anregung, nicht aber als Kopiervorlagen. Sie zeigen musterhaft, wie sich Trauer als ein persönliches Anliegen äußern kann und welche Gedanken und Überlegungen ihren Platz in einem Beileidsbrief finden können. Sie nehmen Ihnen jedoch nicht die Aufgabe ab, Ihren eigenen Ton und Ihre eigenen Formulierungen zu finden!

Beileidsschreiben bei besonders tragischen Todesfällen

Beileidsbriefe, die sich auf besonders leidvolle Todeserfahrungen beziehen, verlangen besondere Sorgfalt bei der gedanklichen und sprachlichen Ausführung. Dies ist z.B. dann der Fall, wenn junge Menschen plötzlich aus dem Leben gerissen werden. Für diese äußerst schwierigen, häufig dramatischen Situationen angemessene, ehrliche und zugleich tröstende Worte zu finden, geht weit hinaus über rein sprachliche oder stilistische Anforderungen. Falls Sie der verstorbenen Person oder den Hinterbliebenen genügend nahe stehen, sollten Sie die Todesursache oder die Art des Sterbens nicht aus Gründen falscher Diskretion verschweigen oder sprachlich verhüllen. Allerdings sollten Sie sich dann sicher sein, dass Sie kein Tabu bei den Angehörigen der verstorbenen Person verletzen.

Das Mitgefühl, das Sie glaubhaft vermitteln wollen, und der Trost, den Sie geben wollen, muss den konkreten Bedingungen des Todesfalls gerecht werden, um die Adressaten tatsächlich zu erreichen und Wirkung zu entfalten.

✉ **Beileid nach plötzlichem Tod – Seite 164**
✉ **Beileid nach Tod eines Kindes – Seite 166**
✉ **Beileid nach Tod eines Kindes (mit christlichem Hintergrund) – Seite 167**
✉ **Beileid einer Lehrerin nach Tod eines Schülers – Seite 168**
✉ **Beileid nach Selbstmord – Seite 170**

Wenn Sie der verstorbenen Person nicht nahe stehen

In manchen Todesfällen genügt schließlich eine kurze formale Beileidserklärung, da das Verhältnis zu der verstorbenen Person formal oder weitläufig war und man zu den Hinterbliebenen keinen intensiven Kontakt hat. Auch hier sollten Sie aber auf den falschen Ton herkömmlicher Beileidsfloskeln verzichten.

Schreiben Sie Beileidsbriefe stets mit der Hand. Zusätzliche Zeichen der Trauer, wie die schwarze Umrandung des Briefbogens, sind überflüssig.

✉ **Beileid eines Geschäftsfreundes – Seite 172**
✉ **Beileid eines Arbeitgebers – Seite 173**

Maximilian Traeger
Leipziger Str. 59
34423 Kaldern

28. August 200X

Familie Gehring
Bleibtreustr. 10
27742 Marschen

Sehr geehrte Familie Gehring,

mein Name ist Ihnen bekannt, und er wird Sie schmerzhaft berühren. Ich bin verantwortlich für den Tod Ihrer Tochter Kerstin, und ich bitte Sie, diesen Brief als Ausdruck meiner tiefen Verzweiflung und meiner Trauer über dieses schreckliche Unglück anzunehmen. Natürlich weiß ich, dass keine noch so wohlgesetzten Worte Ihnen helfen können und dass ein Brief von mir Ihre Wunden vielleicht sogar vertieft, statt sie zu schließen. Aber Sie sollen doch wissen, dass die Person, die den Tod Ihrer Tochter verursacht hat, kein gefühlloser, gleichgültiger Mensch ist, sondern dass ihn sein Gewissen quält und er seit dem Unfalltag nicht mehr zur Ruhe gekommen ist.

Noch immer weiß ich tatsächlich nicht, wie es zu dem Unfall gekommen ist. Als letzte Erinnerung sehe ich mich in meinem Auto auf die Kreuzung Heuss-Allee/Konradstraße zufahren, und danach ist alles schwarz, bis ich drei Stunden später im Krankenhaus wieder zu Bewusstsein kam. Auch mit ärztlicher Hilfe habe ich bislang nicht die durch Schockwirkung verlorenen Erinnerungsstücke zurückholen können. Der Polizeibericht sagt, dass ich die Kreuzung bei Rot überfahren habe und dann mit dem Auto Ihrer Tochter kollidiert bin. Ich kann diesen Bericht nur akzeptieren und bin deshalb auch für den Tod Ihrer Tochter verantwortlich.

Diese Schuld tut weh, und ich werde mich dafür vor Gericht verantworten müssen. Aber über alle Gerichtsstrafen hinaus wird mich das Bewusstsein meiner Schuld mein Leben lang begleiten. Ich kann nichts rückgängig machen, sosehr ich mich danach sehne; doch werde ich auch niemals vergessen, was ich Ihrer Familie an Verlust und Schmerz zugefügt habe.

Wenn Sie es wünschen, stehe ich selbstverständlich jederzeit zu Ihrer Verfügung.

Maximilian Traeger

Carola und Roger Berger 21. April 200X
Saarlandstraße 11
27543 Morsheim

Frau
Maria Sellmann
Carolusstr. 2
53223 Massen

Liebe Frau Sellmann,

mit großer Trauer haben wir vom Tod Ihres Mannes erfahren. Wir möchten Ihnen unser Mitgefühl und unsere Anteilnahme aussprechen.

Es fällt schwer, die Gewissheit dieses Verlustes hinzunehmen. Wir haben ja mit Ihrem Mann und mit Ihnen bis zuletzt gehofft, dass sein langjähriger Kampf gegen die Krankheit erfolgreich sein würde. Wie haben wir ihn für seine Energie und für seinen Optimismus bewundert! Wie oft hat er bewiesen, dass Lebenswille und Kampfbereitschaft Berge versetzen kann! Viele Jahre hat Ihr Mann jede Krise überwunden und jede Schlacht gegen die Krankheit gewonnen. Er hat uns allen Mut gemacht, dass es auch bei dieser Leben zerstörenden Krankheit am Ende keinen schicksalhaften Verlauf gibt. So waren wir uns bereits sicher, dass die Krankheit keine Macht mehr über Ihren Mann hat, doch wir haben uns darin bitter getäuscht. Wir beklagen ein ungerechtes Schicksal, und wir betrauern den Tod eines noch so jungen Menschen.

Ihr Mann, liebe Frau Sellmann, hat uns wie alle, die ihn kennen durften, tief beeindruckt und bereichert. Er wird uns so in Erinnerung bleiben, wie wir ihn bis zuletzt erlebt haben: zuversichtlich, kämpferisch und das Leben liebend. Es ist eine tröstliche, stärkende Erinnerung, und vielleicht hilft Sie auch Ihnen im Schmerz Ihres Verlustes.

Bauen Sie bitte in den kommenden schweren Tagen und Wochen auf unsere Freundschaft. Wir sind jederzeit mit Hilfe und mit Rat zur Stelle.

In tiefer Verbundenheit

Carola Berger

Roger Berger

12. Mai 200X

Liebe Irene,

zu deinem Geburtstagsfest schicke ich dir alle guten Wünsche und meine innigen Gedanken. Lass dich von deinen Kindern verwöhnen und dir das Gefühl geben, bei ihnen in Liebe aufgehoben zu sein. Ich wünsche dir vor allem, dass die Abwesenheit der einen Person, die dir dieses Gefühl am stärksten vermittelt hat und dir die größte Geborgenheit schenkte, nicht zu schmerzhaft für dich sein wird. Wie wusste Günther deine Geburtstage zu feiern, welche prachtvollen Feste machte er daraus! Die Erinnerung ist schmerzhaft, aber sie kann auch wohltuend sein und verbunden mit dem Gefühl von Dankbarkeit: Leuchtende Tage – nicht weinen, dass sie vorüber – lächeln, dass sie gewesen! Ich wünsche dir vor allem diese trostreiche Form des Eingedenkens. Wie sehr habt ihr euch wechselseitig in eurem gemeinsamen Leben beschenkt, wie reich war euer Leben! Diese Zeit wird bleiben, und diese Erinnerung ist unzerstörbar. Sie besagt auch: Halte dich ans Leben, so wie es Günther in so mitreißender Form zu feiern wusste!

In Gedanken umarme ich dich und bin dir nahe,

deine

Karin

12. August 200X

Lieber Walter,

deine geliebte Frau ist eingeschlafen und hat ihren Frieden gefunden. Sie wird dir und allen, die sie gekannt und geliebt haben, schmerzhaft fehlen – und doch müssen wir im Sinn behalten, wie sehr und wie lange sie gelitten hat, wie sehr ihr Tod am Ende für sie selbst Erlösung war. Erlösung von einem Leiden, das nicht mehr zu heilen war. Und auch sie selbst hatte schon so lange jede Hoffnung aufgegeben.

Mein lieber Freund, uns bleibt das Eingedenken und die Erinnerung an viele schöne gemeinsame Erlebnisse. Ich werde nicht vergessen, wie Betty nach der ersten Operation vor acht Jahren noch voll Zuversicht und Optimismus war, wie schnell ihre Lebensfreude wiederkehrte und wie bewusst sie alles genoss, was das Dasein ihr bot. Es schien, als ob das Wissen um die Vergänglichkeit, um das Trügerische des Krankheitsbildes ihre Lust am Leben noch steigerte. Sie hat in diesen wenigen Jahren mit Sicherheit ein weit reicheres Leben geführt als viele andere, die dahinleben, ohne an ein Ende zu denken.

Ich weiß, dass du dankbar bist für alles Glück, das sie dir bereitet hat. Dieses Glück war endlich. Aber Betty lebt in deinem und in meinem Herzen. Sie lebt weiter als einer der besonders kostbaren Menschen, mit denen uns das Schicksal auf glückliche Weise zusammengeführt hat.

Meine Gedanken und meine Gefühle sind bei dir.

Dein Lothar

3. Februar 200X

Liebe Familie Plettenberg,

mit großer Trauer habe ich die Mitteilung vom Tod Ihres Mannes und Vaters erhalten. Es ist sehr schwer, sich auf den Tod eines geliebten Menschen einzustellen, und es ist noch schwerer, wenn dieser Tod plötzlich und unerwartet kommt. Sie müssen mit dieser Last leben, und ich möchte Ihnen dazu meine tiefe Anteilnahme aussprechen. Doch sind wir alle in Gottes Hand. Er hat Ihren Mann und Vater zu sich genommen, auch wenn es für uns Menschen vor der Zeit erscheint, und Gott wird Ihnen die notwendige Stärke geben, um die Verzweiflung zu bekämpfen und die Leere zu überwinden.

Ich wünsche Ihnen für die kommende schwere Zeit viel Gottvertrauen. Schöpfen Sie Mut und Kraft aus der Gewissheit des Glaubens an unseren Erlöser und an die Auferstehung.

In inniger Anteilnahme

Marlies Solwedel

Heinrich und Gunda Kloth
Fliederweg 2
03556 Lauterbach

27. Januar 200X

Frau
Elisabeth Schlüter
Am Ried 82
03556 Lauterbach

Liebe Frau Schlüter,

zu dem schweren Verlust, der Sie betroffen hat, sprechen meine Frau und ich Ihnen unser herzliches Beileid aus.

Mit großer Bestürzung haben wir die Nachricht vom Tode Ihres Mannes erhalten. Wir kannten ihn seit vielen Jahren als liebenswürdigen und großzügigen Menschen, an den wir uns auch in schwierigen Situationen stets vertrauensvoll wenden konnten. Menschen wie er sind selten, umso tiefer trifft uns der Verlust.

Wir wünschen Ihnen viel Kraft und Tapferkeit in Ihrem großen Schmerz. Wenn wir Ihnen in irgendeiner Weise behilflich sein können, lassen Sie es uns bitte wissen.

In tiefer Verbundenheit

Heinrich und Gunda Kloth

Hausgemeinschaft
Am Plan 18
69778 Ellenheim

3. November 200X

Herrn
Gerhard Kißling

Im Haus

Lieber Herr Kißling,

der Tod Ihrer Frau macht uns sehr traurig. Wir beklagen den Tod eines liebenswürdigen Menschen, der unsere Hausgemeinschaft über viele Jahre bereichert hat und ganz wesentlich zu einem guten Klima im Haus beitrug. Sie hatte ein großes Herz für unsere Kinder und für die vielen Haustiere in unserer Anlage, und sie pflegte mit Hingabe die Grünanlagen im Hof. Wir kamen alle gut mit ihr aus, und wir denken gerne zurück an die vielen kleinen Plauschrunden im Treppenhaus, an denen Ihre Frau mit Temperament und Mutterwitz teilnahm.

Wir denken in diesen Stunden aber auch an all die Jahre, in denen wir Ihr harmonisches Zusammenleben beobachten durften. Sie haben uns gezeigt, wie man auch nach Jahrzehnten der Ehe noch liebevoll aufeinander bezogen ist und sich loyal unterstützt. Das gilt insbesondere für das letzte Jahr, in der Sie Ihre Frau hingebungsvoll gepflegt haben und ihr in ihrer schweren Krankheit zur Seite waren. Mit großem Respekt und Bewunderung haben wir verfolgt, wie Sie sich die persönliche Betreuung Ihrer Frau zur Herzenssache gemacht haben. Der größte Wunsch Ihrer Frau war es, trotz Krankheit und Pflegebedürftigkeit die alte Wohnung nicht verlassen zu müssen und am Ende hier zu sterben. Sie haben alles getan, um ihr diesen Wunsch zu erfüllen, und sind dabei bis an die Grenzen Ihrer eigenen Kraft gegangen. Wir hoffen, dass Sie Trost in dem Wissen finden, Ihrer Frau jede nur denkbare Zuwendung und Fürsorge in dieser schweren Zeit gegeben zu haben.

Ihre Frau wird fortleben in Ihren und in unseren Erinnerungen. Wir werden uns am Grab von ihr verabschieden und sie mit einem Kranzgebinde aus Blumen, die sie liebte, ehren. Als Hausgemeinschaft werden wir dann an Ihrer Seite sein, Herr Kißling, um Sie zu unterstützen in den kommenden Wochen und Monaten. Was wir dazu beitragen können, nach diesem schmerzlichen Verlust das Leben neu zu regeln, werden wir von Herzen gern tun!

Mit großer Anteilnahme

Familie Gärtner

Hans und Ilona Strüwer

Inge Stahlhorst

Familie Rosenbaum

Familie Heumann

Hanswerner Torwald 22.08.200X
Gartenstr. 17
48202 Meringen

Lieber Günther,

die Nachricht vom Tode deiner Frau hat mich erschüttert. Lange habe ich vor den alten Fotos gesessen und bin den Erinnerungen an Claudia nachgegangen. Wie lebensfroh sie war und wie stark! Und welche Gabe zur Freundschaft sie besaß! Es sind schöne Erinnerungen an eine wunderbare Frau, doch wie schmerzhaft sind sie jetzt im Augenblick des Verlustes.

Was kann ich dir Tröstliches sagen? Dass du dankbar sein kannst für die vielen erfüllten Jahre, die ihr gemeinsam erlebt habt, für die immer wiederkehrenden Zeiten des Glücks, die Gott euch gemeinsam geschenkt hat. Es bleibt dir der Reichtum solcher Erinnerungen, und es bleibt die Hoffnung auf ein Wiedersehen jenseits des Todes.

Ich bin bei dir mit meinen Gedanken. Melde dich bitte jederzeit bei mir, wenn du Unterstützung brauchst, welcher Art auch immer.

Herzlichst

dein

Hanswerner

Paula Henniger
Paradiesgasse 17
72721 Glauberg

15. Mai 200X

Meine Lieben,

der Tod eurer Mutter hat mich sehr traurig gemacht. Ihr wisst, dass wir schon als Kinder zusammen gespielt haben und unser ganzes Leben eng vertraut miteinander waren. Sie war meine Lieblings-Cousine und meine gute Freundin, und ihr Heimgang zu Gott hinterlässt eine große Lücke für mich. Doch welche Lücke hinterlässt sie erst für euch! Sie war ja das Herz der Familie, lebensklug und menschenfreundlich und überall zur Stelle, wo Arbeit anfiel, wo Tränen zu trocknen waren – und wo gefeiert wurde. Ja, sie hinterlässt wirklich eine große Lücke!

Und doch weiß ich und wusste auch sie, dass alles seine Zeit hat, wie es im Buch Kohelet heißt. Uns war die Gnade gegeben, alt zu werden. Dann aber ist es auch an der Zeit, sich auf den Tod vorzubereiten und sein Kommen zu erwarten. Der Herrgott hat eurer Mutter einen sehr sanften Tod geschenkt. Ich hoffe, er wird es mit mir ebenso gut meinen.

Lebt wohl, und findet Trost in der Gewissheit, dass eure Mutter ein reiches, erfülltes Leben hatte.

Seid herzlich umarmt von eurer

Tante Paula

11. September 200X

Liebe Frau Treichel,

ich habe Ihre Anzeige erhalten und kann es einfach nicht fassen. Es ist ein furchtbarer, unfasslicher Schicksalsschlag, ein Schock. Ihr Mann war ja noch in der letzten Woche mit uns zusammen beim abendlichen Kartenspiel, gut gelaunt wie immer und ohne jedes Anzeichen von Krankheit oder Schwäche.

Wer denkt da an ein tödliches Herzversagen? Wer denkt daran, dass unser gewohntes Leben sich in so bitterer Weise durch den plötzlichen Tod eines geliebten Menschen ändern könnte? Wer wäre auf einen endgültigen Einschnitt eingestellt, auf den sich Gedanken und Gefühle nicht vorbereiten konnten? »Mitten wir im Leben sind mit dem Tod umfangen…« – niemals zuvor ist mir diese Liedzeile in ihrer Wahrheit so erschreckend bewusst geworden.

Das Erschrecken gilt aber auch der Situation der Personen, die zurückbleiben. Die Last, den Tod des geliebten Menschen zu ertragen, wiegt doppelt schwer, wenn es keine Vorwarnung gab und ein noch junger, gesunder Mensch plötzlich aus dem Leben gerissen wird. Es braucht doppelten Mut und doppelte Stärke, diese Erfahrung durchzustehen und sein Leben trotz und mit der Leere, die der Tod des Partners aufgerissen hat, wieder neu zu organisieren. Ich weiß ja, was Gerd Ihnen bedeutet hat, was er seinen Kindern war und mit welcher Liebe sie an ihm gehangen haben. Diese Liebe reicht über den Tod und ist größer als er. Aber dieses Wissen mildert in diesen Tagen nicht den Schmerz über den furchtbaren Verlust.

Ich wünsche Ihnen und Ihrer Familie alle erdenkliche Kraft und Beherztheit, um diese schwierige Zeit zu überstehen. Was ich tun kann, liebe Frau Treichel, um Sie zu unterstützen, werde ich tun. Es sind ja auch viele ganz praktische Dinge, die zu überlegen und zu organisieren sind. Bauen Sie dabei auf meine Hilfe!

Mit tief empfundener Anteilnahme
und allen guten Wünschen

Markus Spelzer

Gudrun und Manuel Fracostas 9.12.200X
Borsigallee 24
16254 Mehlem

Liebe Sandra, lieber Gert,

wir sind mit unseren Gedanken ganz bei euch in diesen dunklen Tagen. Wie können wir euch unterstützen, was kann euch eine Hilfe sein? Ihr habt Tim verloren, euer Liebstes, und wir wissen sehr gut, dass es da keinen Trost gibt und keine Erklärung für das, was nicht zu verstehen ist. Ihr werdet viel Kraft und Selbstüberwindung brauchen, um nicht zu verzweifeln an der Frage nach dem Sinn und nach der Gerechtigkeit eines solchen Sterbens. Und ihr werdet Mut und Stärke entwickeln müssen, um euren eigenen Weg ins Leben zurückzufinden, ein Leben, in dem die Erinnerung an Tim und sein unbeschwertes Lächeln für immer eingeschlossen sein wird.

Seid gewiss, dass wir euch auf diesem Weg begleiten werden, und rechnet auf unsere Unterstützung.

Eure

Gudrun und Manuel

18. Oktober 200X

Liebe Familie Sundermann,

Ihr geliebtes Kind ist von Ihnen gegangen, und ich trauere mit Ihnen. Der Verlust ist furchtbar, und er zerreißt das Herz. Was kann da Trost geben, und woher sollen Stärkung und Hoffnung kommen? Es kann nur unser Glaube sein, dass wir trotz aller Prüfungen und Anfechtungen in Gottes Hand sind. Seine Wege mögen unerforschlich sein, doch müssen wir voll Vertrauen dasjenige annehmen, was er uns an Schwerem zumisst. Ihren Sebastian hat er zu sich genommen, lange vor der Zeit, wie es uns Menschenkindern erscheint.

Doch wir wissen, wohin Ihr kleiner Sohn gegangen ist, und das muss uns Trost sein. Denn es ist ja die Nähe zu Gott, die ewige Heimat, in die er abgerufen wurde, wo es weder Schmerz noch Sorgen noch Verzweiflung gibt. Ihr Sohn ist bei Gott, und er ist zum ewigen Leben erlöst. Eines Tages wird er Sie dort erwarten – er ist uns ja nur vorausgegangen! Halten Sie sich an diesem Glauben fest.

Ich wünsche Ihnen in dieser schweren Zeit viel Kraft und Gottvertrauen und werde Sie in meine Gebete aufnehmen.

Ihre

Amelie Würth

Angelika Martini
Ben-Gurion-Ring 5
50234 Köln

2. Februar 200X

Familie Tanner
Meeringer Str. 17
50456 Köln

Liebe Frau Tanner, lieber Herr Tanner, lieber Torsten,

ein schrecklicher Unfall hat Ihnen Kevin genommen, Ihren Sohn und Bruder, meinen Schüler. Ich weine mit Ihnen, so wie es alle Mitschüler der Klasse 4e tun.

Muss ich Ihnen sagen, wie sehr uns allen Kevin seit seiner Einschulung ans Herz gewachsen war? Wie viele Freunde er gewonnen hatte, wie viel Zuneigung ich selbst und die anderen Lehrer ihm entgegenbrachten? Sie wissen am besten, was für ein liebevoller Junge da heranwuchs, hell und gewitzt, mit vielfältigen Anlagen und Fähigkeiten und mit einem großen Herzen. Er hat uns solche Freude gemacht, mit seinem Charme und mit seiner Klugheit. Kevin ist uns genommen worden, und wir stehen fassungslos vor einem leeren Platz, an dem er noch vor zwei Tagen gesessen hat. Seine Mitschüler haben Kevins Platz mit Blumen geschmückt, und jeder von ihnen hat heute erzählt, was er mit Kevin erlebt hat und wie er ihn in Erinnerung behalten wird.

Diese Erinnerung an einen wunderbaren kleinen Menschen, liebe Familie Tanner, ist das, was bleiben wird. Seine Mitschüler, seine Lehrer und ich selbst werden sie bewahren. Kevin wird uns darin immer wieder so fröhlich und so unbeschwert entgegentreten, wie er es jeden Morgen zu Schulbeginn tat.

»Niemand, den man liebt, ist wirklich tot.« Ich wünsche mir von ganzem Herzen, dass die Weisheit dieses Satzes Ihnen Trost geben kann.

Mit tiefem Mitgefühl
Ihre

Angelika Martini

10. Dezember 200X

Liebe Tante Carla, lieber Onkel Jürgen, lieber Heiko,

der Tod Barbaras hat mich erschüttert und tief verstört. Barbara und ich waren ja als Cousinen durch die ganzen Jahre unserer Kindheit und Jugend hindurch oft zusammen, wir haben zusammen gespielt und unsere Geheimnisse ausgetauscht, wir waren Freundinnen. Wenn sich diese Nähe auch in den letzten Jahren gelöst hatte und wir nur noch wenig voneinander hörten, so spüre ich doch jetzt, im Augenblick ihres Todes, wie vertraut mir Barbara geblieben ist und wie sehr ich sie mochte. Kindheitserinnerungen sind wieder da, Barbara und ich Hand in Hand am Strand von Borkum. Und später unsere schwärmerischen Briefe über die Popstars, die wir liebten, und lange Telefonate über erste Discobesuche und Freunde. Sie war so fröhlich und unbeschwert damals, so neugierig und offen. Und es ist diese Barbara, die ich in Erinnerung behalten möchte.

Ich weiß, dass sich Barbaras Leben in den letzten Jahren verdüstert hatte. Ich weiß auch, dass ihr alles nur Denkbare versucht habt, sie zurückzuholen aus Depression und Vereinsamung. Aber ich habe selbst erfahren, dass die Mauer immer höher wurde, die Barbara um sich errichtete. Seit langem wies sie selbst ihre besten Freunde ab, so auch mich. Doch habe ich niemals ernsthaft daran gedacht, dass Barbaras Lebenskrise zu diesen schrecklichen Konsequenzen führen würde. Niemals habe ich mir den wirklichen Grad ihrer Verzweiflung vorgestellt. Jetzt, im Wissen um ihren selbst gewählten Tod, frage ich mich, ob ich genug getan habe, um Zugang zu ihr zu finden, und ob ich einfühlsam genug war, um das ganze Ausmaß ihres Leidensdrucks zu erkennen.

Barbaras Tod ist schrecklich und verstörend, für euch noch viel mehr als für mich. Aus meinen lebendigen Erfahrungen mit Barbara möchte ich euch versichern, dass ihre dunkle Zeit nur die letzten Jahre berührte und zuvor nichts, aber auch gar nichts auf eine lebensverneinende Depression hindeutete. So wie ich sie erlebt habe, war Barbara in all den Jahren, die sie im elterlichen Haus als Teil eurer Familie verbrachte, ein lebensfroher, glücklicher Mensch. Sie liebte euch und fühlte sich geliebt. Haltet euch bitte immer an diese Gewissheit.

In großer Zuneigung, eure

Sybille

Plathen und Partner 16.03.200X
Dr. Karl-Uwe Martens
Hildegardisstr. 5
32881 Haltrup

Herrn
Ludwig Soermann
Kirchplatz 12
38411 Kallenburg

Sehr geehrter Herr Soermann,

der Tod Ihrer Frau hat mich schmerzlich getroffen. Ich fühle mit Ihnen in Ihrer Trauer.

Sicherlich ist der Verlust des geliebten Menschen, mit dem man über viele Jahre gemeinsam durchs Leben gegangen ist, nicht zu ersetzen. Doch ist es wohl ein Trost, in dieser schweren Zeit Kinder und enge Freunde um sich zu haben, mit denen man Schmerz und Erinnerung teilt. Ich weiß, dass Ihnen zumindest dieser Trost gegeben ist.

In tiefer Verbundenheit

Dr. Karl-Uwe Martens

Plathen und Partner

Kramer Automation GmbH
Wolfgang Hegewald
Konstanzer Straße 14
87041 Jeisbach

27.09.200X

Frau
Roswitha Meinert
Robert-Walser-Weg 7
87152 Konradsburg

Liebe Frau Meinert,

die Nachricht vom Unfalltod Ihres Mannes hat mich erschüttert. Ich trauere mit Ihnen und Ihren Kindern und bin selbst untröstlich über den Verlust eines herausragenden Menschen.

Mit seinen Kolleginnen und Kollegen stehe ich fassungslos an dem Platz, an dem er noch am Tage des Unfalls seiner Arbeit nachging, wie immer mit beispielloser Hingabe, hohem Verantwortungsbewusstsein und großer menschlicher Wärme. Unersetzlich wird er mir sein in seiner Fähigkeit, Markterfordernisse in Unternehmensziele zu übersetzen, und in seiner besonderen Befähigung, Mitarbeiter zu motivieren. Unersetzlich aber wird er uns allen sein als ein Mensch von außerordentlicher Freundlichkeit, Fairness und Aufrichtigkeit.

Wo immer ich Sie in den kommenden Tagen und Monaten unterstützen kann, liebe Frau Meinert, werde ich es tun.

Herzliche Grüße

Wolfgang Hegewald

Bei Problemsituationen in der Familie

Familie – das scheint ein anderes Wort zu sein für Geborgenheit und Zuneigung, für Verständnis und Solidarität. Familie – das kann aber auch Verschweigen und Sprachlosigkeit beinhalten, Härte und Verdrängung. Wir alle tragen ein Idealbild der Familie in uns, und fast alle haben wir Erfahrungen gemacht, die dieses Bild bestätigen. Aber wir haben auch fast alle die andere Seite des Familienlebens kennen gelernt: die Probleme, die die Abfolge der Generationen mit ihren unterschiedlichen Interessen mit sich bringt, der Erwartungsdruck an die Kinder, die Angst vor dem Durchbrechen gut gehüteter Konventionen, die spitze Zunge des einen oder anderen Mitglieds der Verwandtschaft, das ist eben keine heile Welt, sondern das ist die wirkliche Welt im Kleinen, mit all ihren Widersprüchen und zwischenmenschlichen Problemen.
Wie löst man solche Blockaden innerhalb einer Familie, wenn sich tatsächlich die Notwendigkeit stellt, problematische Sachverhalte offen zu legen? Wie überwindet man die Angst vor dem »Familiengericht« oder vor der Verletzung von Menschen, die uns als Teil unserer Familie so nahe stehen?

Die engen persönlichen Bindungen innerhalb einer Familie sind eine große Chance, Probleme zu lösen und Menschen aufzufangen, die sich in einer schwierigen Lebensphase befinden. Doch gerade die emotionale Nähe zueinander macht Menschen sprachlos, wenn es um Mitteilungen geht, die Widerstand und Unverständnis hervorrufen könnten.

Stichworte für die inhaltliche Gestaltung

- Freundliche, liebevolle Anrede
- Nähe und Vertrautheit aufbauen durch Aussagen zur Art des wechselseitigen Verhältnisses, durch Erinnerungen usw.
- Sprachliche Form des familiären »Wir« nutzen
- Sachverhalt oder Anliegen einfühlsam schildern
- Erwartete Reaktion aufnehmen, Verständnis zeigen
- Positive Perspektiven bzw. Problemlösungen entwickeln
- Liebevoller Gruß

Ein Brief als erster Anstoß

Gerade im engeren Familienkreis ist vieles tabuisiert. Die Fronten sind oft viel schneller verhärtet als im Bekannten- und Freundeskreis.

Briefe dieser Art sind sehr persönliche Briefe. Sie folgen keiner festen Regel, es sei denn der einen: dass sie einen eigenen, unverwechselbaren Herzton haben. Die abgedruckten Briefe sind also keine Musterbriefe, die man im Fall der Fälle nur abzuschreiben braucht. Sie sollen auch nicht den besseren Weg ersetzen, der letztlich über das persönliche, intensive Gespräch zur Problemlösung führt. Aber sie geben Hinweise darauf, wie die Mauer des Schweigens in einer Familie durchbrochen werden kann, ohne die Konfrontation zu suchen und Abwehr zu provozieren. Briefe wie diese wirken wie Eisbrecher, sie sind Brücken der Verständigung. Sie legen offen, was manchmal nur gegen große innere Widerstände einem nahen Angehörigen gesagt werden kann, und sie suchen dabei weniger Einverständnis als Verstehen und Akzeptanz auf der Seite des anderen. Nur in diesem Sinne sollten Sie die Briefe als »Muster« in den folgenden Problemsituationen einer Familie verstehen.

28. Juli 200X

Liebe Stefanie,

(...)

Du fragst in deinem Brief nach Felix und seinen Zukunftspläne. Nun, die Dinge sind leider anders gelaufen, als wir es uns erhofft haben. Felix hat seine schon lange bekannte Prüfungsangst nicht bewältigen können und ist im ersten Anlauf durchs Abitur gefallen. Das Ergebnis war knapp, aber er ist natürlich maßlos enttäuscht, zumal er tatsächlich kein schlechter Schüler ist. Wir trösten ihn, so gut wir können, und hoffen, dass er nach unserem gemeinsamen Segelurlaub genügend Abstand gewonnen hat.

Unter einem Aspekt erscheint mir dieser Rückschlag aber auch etwas Positives zu haben. Felix war bisher noch völlig unentschieden, ob und was er studieren soll und wie er seine Zukunft angeht. Ein weiteres Jahr zu Hause kann ihm also durchaus nützlich sein, um sich sicher zu werden über seine Ziele und Wünsche. Felix bleibt also noch ein Jahr hier bei uns, und ich muss gestehen, dass ich darüber nicht unglücklich bin. Im kommenden Jahr sollte er das Abitur allerdings schaffen, und dann wird unser Haushalt wohl endgültig kleiner...

Felix lässt dich übrigens – wie die ganze Familie – herzlich grüßen. Lass bald wieder von dir hören, deine

Inga

30. November 200X

Lieber Karlheinz,

seit ich unseren väterlichen Betrieb vor mehr als 15 Jahren allein übernommen habe, hast du immer wieder – auch aus der Ferne – dein nachhaltiges Interesse an der Entwicklung des Unternehmens bekundet. Du weißt daher um die Turbulenzen der letzten Monate, das Wegbrechen des südamerikanischen Marktes und den zerstörerischen Preiskampf im Produktbereich Messtechnik. Womöglich habe ich dir zuletzt nicht mehr ausreichend deutlich gemacht, wie dramatisch sich die Situation zugespitzt hatte. Zeitweise habe ich mich wohl selbst dem Prinzip Hoffnung hingegeben und die Dinge nicht mehr in ihrer ganzen Härte sehen wollen.

Mittlerweile aber hat unsere Hausbank die Signale auf Rot gestellt, sodass ich mich gezwungen sah, gestern beim Amtsgericht Konkurs anzumelden. Über das Ergebnis des Konkursverfahrens kann leider gar kein Zweifel mehr bestehen: Das Unternehmen wird nicht zu retten sein und daher nach fast 80 Jahren aufhören zu existieren.

Was hilft es in dieser Situation, das Scheitern auf »objektive« Faktoren zurückführen zu können? Was hilft es zu wissen, dass man selbst mit vollem Einsatz gekämpft hat und bis ans Ende der eigenen Kräfte gegangen ist? Es bleibt die persönliche Niederlage, es bleibt die Liquidation eines eingeführten und noch vor kurzer Zeit durchaus erfolgreichen Familienunternehmens, es bleibt der Verlust an Kapital und Arbeitsplätzen.

Zudem bin ich mir bewusst, dass es nicht nur für mich, sondern ebenso für dich und die übrigen Familienmitglieder sehr schmerzlich ist, Abschied zu nehmen von einem Unternehmen, das über drei Generationen hinweg von unserer Familie aufgebaut und geprägt wurde und im besten Sinne zur Familientradition gehört. Wie sehr habe ich mir gewünscht, dass in wenigen Jahren meine eigenen Kinder und damit die nächste Generation in die Verantwortung für unser Familienunternehmen eintritt und damit der Kette ein neues Glied hinzugefügt wird. Die Kette ist abrupt zerrissen, und ich muss lernen, damit zu leben.

Die nächste Zeit wird nicht einfach sein. Ich bitte dich um deine Unterstützung, deinen Rat und deine Loyalität, die ich in dieser schwierigen Phase der Neuorientierung noch dringender brauche als in der Vergangenheit.

Sei herzlich gegrüßt

dein Bruder Winfried

15. Juli 200X

Liebe Mutti, lieber Papi,

ihr wisst es ja, wie viel ich in den letzten zwei Jahren gearbeitet habe, um gut vorbereitet in meine Abschlussprüfungen zu gehen. Lange Zeit hatte ich mein Studium nicht ernst genug genommen, und es fehlte die Motivation. Doch dann ging es plötzlich voran: Ich hatte die ersten Erfolgserlebnisse und gewann plötzlich Boden unter den Füßen. Seitdem habe ich mich völlig in die Arbeit gestürzt und jede einzelne Minute genutzt, um den versäumten Stoff nachzuholen und gut präpariert ins Examen zu gehen.

Leider hat es nicht ganz gereicht. Gerade wurde mit mitgeteilt, dass ich die notwendige Punktzahl für das Staatsexamen knapp verfehlt habe. Natürlich bin ich sehr traurig darüber, und ich denke, ihr werdet es ebenso sein. Aber so enttäuscht ich auch bin, so sicher bin ich doch, dass es für mich keinen Grund zur Resignation gibt. Ich weiß, mit welchen Riesenschritten ich in den letzten Monaten vorangekommen bin und dass es nur einen weiteren kleinen Schritt braucht, um erfolgreich durchs Ziel zu laufen. In vier Monaten ist der nächste mögliche Examenstermin, und ich bin fest entschlossen, bis dahin mit demselben Einsatz weiterzuarbeiten wie bisher.

Ihr seht, in bin trotz der momentanen Niederlage optimistisch – und ihr solltet es mit mir sein. Drückt mir weiter die Daumen, und seid herzlich umarmt von eurer

Mascha

1. Dezember 200X

Liebe Mutti, lieber Papi,

es ist jetzt drei Jahre her, dass wir im Unfrieden auseinander gegangen sind. Seitdem gab es keinen direkten Kontakt zwischen uns und kaum ein Lebenszeichen.

Drei Jahre sind eine lange Zeit. Vieles hat sich in diesen Monaten und Jahren in meinem Leben getan, und vieles von dem, was damals zwischen uns stand, hat an Bedeutung verloren. Sicherlich hat die Zeit nicht alle alten Wunden geheilt, aber sie schmerzen nicht mehr wie damals. Nach dieser langen Stille zwischen uns würde ich daher gerne einen Versuch machen, wieder miteinander ins Gespräch zu kommen. Wir sollten gemeinsam sehen, ob wir uns noch etwas zu sagen haben und ob sich die Familienbindung am Ende doch als stärker erweist als die Erinnerung an schreckliche, verletzende Auseinandersetzungen. Lasst es uns versuchen! Ich jedenfalls möchte euch sehr gerne erzählen, was sich in meinem Leben verändert hat und wohin ich mich orientiere.

Bitte gebt mir Nachricht, wann und wo wir uns zusammenfinden können. Was haltet ihr von einem Treffen an meinem Geburtstag?

Herzliche Grüße

Tanja

12. März 200X

Liebe Mum, lieber Paps,

seit längerem habe ich euch wenig berichtet über meine familiäre Situation. Der Grund ist, dass ich euch nicht beunruhigen wollte mit Nachrichten, die tatsächlich nicht gut waren. Mittlerweile aber ist ein Punkt erreicht, an dem ich nicht umhin komme, euch mit den Tatsachen zu konfrontieren: Thomas und ich sind schon vor Monaten in eine schwere Krise unserer Ehe geraten. Wir haben eine sehr schwierige, sehr anstrengende Zeit hinter uns, eine Zeit des Streits und der gegenseitigen Verletzungen, eine Zeit, in der wir uns immer weiter voneinander weg bewegt haben, bis wir jetzt zu der Entscheidung gekommen sind, uns zu trennen und uns scheiden zu lassen.

Diese Entscheidung ist endgültig und wird von uns beiden getragen. Ich weiß, wie schmerzhaft das auch für euch ist, wie sehr ihr Thomas in euer Herz geschlossen habt und wie sehr ihr in diesem Augenblick vor allem an unsere Kinder denkt, für die der sichere Hort der Familie sich auflöst. So schrecklich das ist und so wenig ich selbst schon heute alle Konsequenzen überblicke, so wenig gibt es doch eine Alternative zu unserer Trennung. Unsere Ehe ist nicht mehr zu retten.

Ich möchte mit euch offen über Gründe und Anlass dieser Entwicklung sprechen. Auch dies wird euch schmerzen: Ich selbst habe den Anlass gegeben für die Krise der letzten Monate, da ich mich in einen anderen Mann verliebt habe und eine Beziehung mit ihm aufgenommen habe. Auch jetzt bereue ich diese

Entscheidung nicht, obwohl sie den letzten Anstoß gegeben hat, die Ehe mit Thomas aufzulösen.

Aber doch eben nur den letzten Anstoß, denn diese Ehe war schon lange vorher ausgehöhlt und ohne Leben. Seit langem wussten Thomas und ich, ausgesprochen oder unausgesprochen, dass wir keine Liebesbeziehung mehr hatten, sondern eine Zweckgemeinschaft zur gemeinsamen Bewältigung des Alltags und der Kindererziehung. Wir lebten fast wortlos nebeneinander her, höflich zwar und fast ohne Streit, aber doch auch ohne eine liebevolle Geste, ohne Gefühl und Wärme. Lange Zeit habe ich mich selbst in die Pflicht genommen und mir gesagt, dass ich im Sinne der Kinder die Fassade einer funktionierenden Familie aufrechterhalten muss. Mittlerweile bin ich mir nicht mehr sicher, dass dies die einzig richtige Sichtweise ist. Denn ich habe gemerkt, wie sensibel die Kinder auf unsere angespannte häusliche Situation reagiert haben.

Ich selbst habe in der Beziehung zu einem anderen Mann erfahren, was ich in den vergangenen Jahren an emotionaler Zuwendung und Herzenswärme entbehrt hatte. Diese Gewissheit hat mir die Stärke gegeben, die letzten Wochen und Monate durchzustehen und auch den Kindern in dieser Zeit den notwendigen Zuspruch zu geben und sie aufzufangen.

Bitte respektiert diese Entwicklung und meine Entscheidungen. Gebt mir weiter eure Unterstützung, die ich in Zukunft noch stärker brauchen werde als in der Vergangenheit.

In Liebe eure

Doro

6. März 200X

Lieber Andreas,

bevor du es gerüchteweise von mehr oder weniger wohlmeinenden Bekannten oder Verwandten erfährst, wollen wir es dir selbst mitteilen, auch wenn es uns wirklich ungeheuer schwer fällt: Wir beide, Mama und Papa, werden in Zukunft getrennte Wege gehen.

Du warst ja in den letzten Jahren räumlich sehr fern und nur noch selten hier bei uns. Bei deinen Besuchen wirst du wahrscheinlich wenig von der gespannten Atmosphäre gespürt haben, die wir in deiner Gegenwart tunlichst zu überspielen versuchten. Wenn wir allein sind, ist es allerdings anders. Seit Jahren herrscht zwischen uns ein überreizter, aggressiver Ton, seit langem scheinen wir gegeneinander auf die Barrikaden gegangen zu sein.

Wir haben viele Versuche zur Befriedung der Situation und zur Aussöhnung unternommen, Gespräche mit guten Freunden, Eheberatung. Das alles hat keinen Erfolg gehabt, trotz des guten Willens auf beiden Seiten.

Wir haben uns jetzt entschieden, auseinander zu gehen und uns scheiden zu lassen. Versuche bitte zu akzeptieren, dass jeder von uns beiden diese schwere Entscheidung in völliger Selbstständigkeit und Freiheit getroffen hat und dass wir beide glauben, dass ein Ende unseres Alltagskampfes unser Leben leichter und glücklicher machen wird, als es das in den letzten Jahren war.

Es ist überflüssig zu betonen, wie sehr und unverändert wir beide an dir hängen und wie wichtig für jeden von uns deine Zuneigung ist. Du wirst keinen von uns verlieren, so wie jeder von uns dich braucht.

Wir möchten gerne mit dir über die Situation persönlich sprechen. Lass uns wissen, wann, wo und in welcher Konstellation dir ein Treffen am liebsten wäre.

In alter, unveränderter und unveränderlicher Liebe
deine

Mama und Papa

25. Februar 200X

Liebe Jule,

du hast bereits von Mama erfahren, dass deine Eltern dabei sind, auseinander zu gehen, und dass ich es bin, der den Anstoß dazu gegeben hat. Ich weiß, wie unglücklich du darüber sein wirst und vielleicht auch verzweifelt. Es ist mir auch klar, dass du mich für diese Entwicklung schuldig sprichst und mich hassen wirst. Ich hoffe dennoch, dass du bereit bist, diesen Brief zu lesen, ganz zu lesen, und mir die Chance gibst, die Gründe meiner Entscheidung darzustellen.

Wenn ich mich dazu entschlossen habe, in Zukunft mit einer anderen Frau zu leben, so steht diese Entscheidung am Ende einer langen, sehr schwierigen Wegstrecke, die deine Mutter und ich in den letzten Jahren gegangen sind. Du hast die tief greifende Krise unserer Ehe nur zeitweise und in abgemilderter Form erlebt, wenn du zu Besuch kamst. Aber diese Krise zwischen uns gab es seit vielen Jahren, sie hat sich langsam in das Alltagsleben gefressen, und sie hat am Ende alles aufgezehrt, was es zwischen deiner Mutter und mir an Liebe, Verständnis und Nähe gab. Ich kann dir selbst nicht den einen entscheidenden Grund nennen, der das Band zwischen Mama und mir gelockert hat, bis es am Ende zerrissen ist. Es gibt diesen Grund nicht – weder ist es eine andere Person, die in unsere Ehe eingebrochen wäre, noch irgendein bestimmtes Ereignis, das uns auf eine abschüssige Bahn gebracht hätte.

Wenn ich über die Jahre unseres krisenhaften Zusammenlebens nachdenke, sind es viele unterschiedliche, unzusammenhängende Beobachtungen, die auf eine zunehmende Gereiztheit, häufiges Nichtverstehen und sich ausbreitende Sprachlosigkeit verweisen. Sicherlich hatte das auch mit altersbedingten Sinnkrisen zu tun, mit der Neuausrichtung einer Ehe, wenn die Kinder aus dem Haus gehen, mit der routinehaften Erstarrung im Umgang miteinander. Das alles klingt plausibel und gibt wohl auch treffend ein Bild der allgemeinen Probleme, und dennoch kann ich selbst kaum glauben, was aus der Beziehung zwischen Mama und mir geworden ist.

Glaube mir bitte, dass nicht nur deine Mutter, sondern auch ich in diesen letzten Jahren gekämpft haben, um unserer Ehe wieder eine Wendung zum Guten zu geben. Wir haben es uns nicht leicht gemacht, doch wir sind gemeinsam gescheitert. Dass ich mittlerweile einer anderen Frau begegnet bin, die in mir wieder positive Gefühle geweckt hat, war nur vor diesem Hintergrund möglich und ist nicht die Ursache für die Trennung von Mama und mir. Aber ich möchte diese Chance ergreifen und mich nicht länger verbarrikadieren in einem Zuhause, das schon längst keines mehr ist.

Dass ich auf diesem Wege auch dich verlieren könnte, ist mir eine unerträgliche Vorstellung. Bitte zweifle nicht an meiner unveränderlichen Liebe zu dir und an meinem Wunsch, dass du an meinem Leben auch in Zukunft teilhast, so wie ich an dem deinen. Ich vertraue auf dein großes Herz und auf die Stärke unserer Gefühle füreinander. Ich hoffe auf ein Zeichen von dir.

In Liebe

Papa

30. Juni 200X

Liebe Kristin, lieber Yannick,

wenn es nur nicht gar so schwer wäre, die geeigneten Worte zu finden! Mir ist das Herz voll von widerstreitenden Gefühlen, die nur schwer auf einen Nenner zu bringen sind. Ihr habt ja diese Wechselstürme in den vergangenen Monaten häufig genug miterlebt und erlitten. In den letzten Tagen habe ich versucht, endlich Ordnung in diese Gefühlsverwirrung zu bringen und die Personen, die mir nahe stehen, euren Vater, euch, auch meinen Freund Georg, nicht länger in quälender Ungewissheit zu lassen. Ich habe mich und meine Gefühle erforscht und bin meinen Wünschen nachgegangen. Ich habe schließlich eine Entscheidung gefällt, eine Entscheidung, die euch weh tun wird. Ich möchte meine Zukunft gemeinsam mit Georg verbringen und werde mich von eurem Papa trennen.

Nehmt ihr mir ab, dass ich mir diese Entscheidung nicht leicht gemacht habe? Wie könnte ich das auch, bin ich doch mit Peter fast 25 Jahre zusammen. Eine solche lange gemeinsame Geschichte lässt man nicht leichtfertig hinter sich. Und da seid ja ihr, unsere Kinder, und die vielen Jahre unseres glücklichen, unbelasteten Zusammenseins als Familie. Nichts davon habe ich vergessen, gerade nicht die guten Zeiten. Das eben sind die widerstreitenden Gefühle: die vielen gemeinsamen Jahre und Erfahrungen, die gewachsenen Emotionen, die Vertrautheit und die Verantwortlichkeit dem Partner und der Familie gegenüber – und auf der anderen Seite das unbegreiflich große Glück, das ich mit einem anderen Partner empfinde, und die Liebe, mit der wir einander zugetan sind.

Auch für Kinder, die erwachsen geworden sind und selbst längst ihre ersten Erfahrungen und Wirren in der Liebe hinter sich haben, ist es wohl schwer zu akzeptieren, dass ihre Eltern nicht in einer einzigen großen Liebe aufgehen, die ein Leben lang hält. Aber Gefühle zwischen Liebenden können im Alltag verschlissen werden, das Glück des erfüllten Miteinanders kann unmerklich einer entleerten Routine weichen. Bei eurem Papa und mir ist es wohl am Ende so gewesen, ansonsten hätte ich die Zuneigung zu einem anderen Partner nicht als so stark und übermächtig erlebt, wie es tatsächlich der Fall ist.

Ich weiß, dass in diesem Moment eure ganze Solidarität eurem Papa gilt. Das ist ganz natürlich so, denn er ist durch meine Lebensentscheidung in eine außerordentlich schmerzhafte Lage versetzt worden. Ich stehe ihm ja selber weiterhin sehr nahe und versuche für meinen Teil, die aktuelle Trennungssituation loyal mit ihm gemeinsam zu bewältigen. Das alles ist nicht einfach, und er braucht selbstverständlich euren Zuspruch und eure Unterstützung. Aber ich bitte euch auch darum, trotz aller Bitterkeit nicht euer Verhältnis zu mir in Frage zu stellen. Ich möchte euch um Himmels willen nicht verlieren, ich liebe euch ja unverändert. Mein Weggang und meine neue Partnerschaft ändern daran nichts, gar nichts. Ich bitte euch darum, mich auch mit dieser Partnerschaft zu akzeptieren und an meinem Leben weiterhin teilzuhaben. Gebt nicht einfach der Kränkung nach, sondern lasst uns gemeinsam versuchen, diese schwierige Situation in den Griff zu bekommen.

Ich liebe euch von ganzem Herzen

eure Mama

5. August 200X

Lieber Fabian,

als wir uns gestern in der U-Bahn trafen und du mir von deiner Arbeitslosigkeit erzähltest, wirktest du ziemlich resigniert. Leider war keine Zeit für ein Gespräch, daher möchte ich dir zumindest kurz schreiben, um dich vielleicht ein bisschen von deinen trüben Gedanken wegzubringen.

Gut, wirst du sagen, da kommt jetzt wieder einer, der mir sagen will, dass alles nicht so schlimm ist und meine Chancen auf einen neuen Arbeitsplatz gut sind. – Ja, tatsächlich will ich dir auch das sagen. Aber ich will zunächst daran erinnern, dass mir selbst die Erfahrung, arbeitslos zu sein, nicht fremd ist. Vor etwa drei Jahren verlor ich ja meinen Arbeitsplatz, den ich für absolut sicher gehalten hatte, und stürzte wie du unvermittelt in ein riesiges schwarzes Loch. Es hat ein halbes Jahr gedauert, bis ich wieder einen Arbeitsvertrag hatte. Heute glaube ich, dass diese Frist kürzer hätte ausfallen können, wenn ich meine Wahrnehmung von Anfang an anders ausgerichtet hätte. Das schwarze Loch der Arbeitslosigkeit, das war für mich zuerst einmal eine persönliche Niederlage. Und aus dieser Position des Selbstzweifels und der Schwäche heraus bin ich dann auch meine ersten zaghaften Versuche der Stellensuche und Bewerbungen angegangen, ohne großen Erfolg.

Ich habe dann mehrere sehr intensive Gespräche mit Arbeitsberatern gebraucht, um eine wesentliche Einsicht zu gewinnen: dass es angesichts von vier Millionen Arbeitslosen grotesk ist, vom eigenen Versagen bei Verlust des Arbeitsplatzes zu sprechen, dass es größere gesellschaftliche Entwicklungen sind, die unsere Berufsbiografie beeinflussen, unabhängig von persönlicher Qualifikation, Leistungsbereitschaft und Flexibilität. Ich habe auch gelernt, dass Zeiten der Arbeitslosigkeit und die Notwendigkeit zu einer Neuorientierung jetzt und in Zukunft wohl zur normalen Berufsbiografie gehören, ich also eher den Standard erfüllte als die Ausnahme darstellte.

Diese Einsichten haben mir tatsächlich geholfen, mich bei der Stellensuche anders zu positionieren. Ich konnte seitdem selbstbewusster auftreten und sah keinen Grund mehr, mich sozusagen als Versager zu verstecken. Außerdem habe ich angefangen, nicht nur auf dem alten Weg, den ich beruflich gegangen war, weiter zu gehen, sondern auch nach links und rechts zu schauen und benachbarte Einsatzbereiche ins Auge zu nehmen. Ich bin dort auch in kurzer Zeit auf meinen neuen Arbeitsplatz gestoßen – und ich bin bis heute hoch zufrieden über diese Entscheidung und über meine berufliche Entwicklung in den letzten zweieinhalb Jahren.

Vielleicht sind meine Erfahrungen hilfreich für dich, wir sind uns ja von unserer Ausbildung und unserem Werdegang her sehr nahe. Gerade deshalb sehe ich auch keinen Grund für dich zu resignieren, sondern berufe mich auf meine eigenen positiven Erfahrungen. Ich würde dir gerne noch mehr über diese Erfahrungen berichten. Falls du Interesse hast, melde dich doch bitte einfach bei mir.

Mit allen guten Wünschen

Piet

13. Oktober 200X

Liebe Claudia, lieber Tim,

ohne lange Vorrede muss ich euch gleich eine Nachricht übermitteln, die mir das Herz schwer macht, die mich fast zur Verzweiflung bringt. Florian ist gestern wegen schweren Raubes zu drei Jahren Haft ohne Bewährung verurteilt worden.

Schon frühzeitig hatte er auch mir gegenüber eingestanden, dass die Anklage tatsächlich begründet ist und er diese kriminelle Tat begangen hat. Ich musste mich also damit abfinden, dass mein Sohn vom rechten Wege abgekommen ist und dass er nicht das ist, was ich mir bis vor wenigen Monaten noch vorgestellt und gewünscht habe. Es ist hart, dies zu akzeptieren, und ich kann noch nicht sagen, dass es mir wirklich gelungen ist. Zu sehr lastet auch das Gefühl eigenen Versagens und eigener Schuld. Denn was muss in unserer Familie, in unserer Erziehung falsch gelaufen sein, dass einer unserer Söhne in dieser schweren Form straffällig werden konnte? Was haben wir als Eltern versäumt, und wo hätte er mehr Härte oder vielleicht auch mehr Liebe gebraucht? Ich muss gestehen, ich finde keine Antwort darauf. Wir haben Florian nicht anders erzogen als die beiden anderen Kinder, und ihre Lebenswege sind doch so unterschiedlich geworden. Ich forsche in der Vergangenheit und weiß einfach keinen Punkt, der schlüssig diese schreckliche Wendung erklären würde.

Ich habe mich selbst erforscht, und ich habe im Gespräch mit Florian versucht, eine Antwort zu finden. Dieses Gespräch aber ist sehr schwierig. Der Kontakt zwischen uns war seit längerem unterbrochen, und er ist jetzt zusätzlich belastet mit dem, was geschehen ist. Florian ist mir fremd geworden, doch fühle ich mich ihm auf der anderen Seite auch so nah. Er braucht ja Hilfe, und er braucht gerade jetzt Liebe und Zuwendung. Er ist und bleibt mein Sohn, und wenn die mütterliche Liebe und die Liebe der Familie mehr sein soll als ein leeres Wort, dann muss sie sich jetzt zeigen und beweisen, im Moment der größten Belastung. Zumindest dieses habe ich in den letzten Wochen begriffen, und ich versuche, Florian dieses schlichte Gefühl zu zeigen und ihm nicht ständig von neuem mit Vorwürfen und Ermahnungen entgegenzutreten. Florian wird in Zukunft eine neue Chance haben können, aber er muss sie auch annehmen wollen. Ich denke, dass der Halt und die Unterstützung durch die Familie dabei eine große Bedeutung haben werden.

In diesem Sinne wende ich mich auch an euch. Darf ich euch um euren Beitrag dafür bitten, dass Florian aus dem kriminellen Umfeld wieder zurückfindet? Er sollte spüren können, dass niemand von uns ihn aufgegeben hat, dass seine Familie und seine Freunde ihm nahe bleiben und ihm zur Seite stehen. Ich bitte euch, ihm zu schreiben, das Gespräch mit ihm zu suchen und ihn womöglich auch in der Haft zu besuchen. Gebt ihn nicht auf!

Darf ich mit euch rechnen?

Seid von Herzen gegrüßt

eure Tante Liz

19. Oktober 200X

Lieber Florian,

du machst Sachen. Ein bisschen bin ich ja schon erschrocken über dein Sündenregister und kann auch nicht so recht nachvollziehen, welcher Teufel dich eigentlich geritten hat. Aber ich will dir keine weitere Strafpredigt halten – drei Jahre im Bau sind hart genug –, und da brauchst du keine weiteren Belehrungen von mir.

Was ich dir sagen will, ist nur, dass du für uns nicht aus der Welt bist und dass wir dich nicht aufgegeben haben. Ganz im Gegenteil: Ich glaube, dass du uns jetzt gut brauchen kannst, um die schwierige Zeit durchzustehen. Hoffentlich werden am Ende aus den drei Jahren bei guter Führung nur zwei, aber auch das ist eine verdammt lange Zeit, in der wir dir ganz gern zur Seite stehen möchten. Zumindest ich werde dir regelmäßig schreiben, und ich hoffe, du schreibst zurück. Und ich werde dich besuchen, wenn du nicht noch starke Einwände dagegen erhebst. Ich denke, ich werde dich schon ein bisschen aufmuntern können, und sei es durch die regelmäßige Lieferung von Zigaretten und Schokolade.

Halt mir die Ohren steif, alter Junge, und verlass dich ruhig etwas mehr als früher auf deine Familie.

Ich warte auf den nächsten Besuchstermin und auf deinen Wunschzettel. Schreib mir bald!

Lukas

23. Februar 200X

Lieber Manuel,

heute vor drei Jahren ist unsere Mama gestorben. An solchen Jahrestagen, aber nicht nur dann, denke ich viel an unsere Familie und an unser Verhältnis zueinander, das seit Mamas Tod so unselig zerrüttet ist. Ich will heute die Initiative ergreifen, um unsere Familienbindung wieder neu zu knüpfen.

Vor drei Jahren hat uns das Erbe unserer Mutter auseinander gebracht. Es ging um Geld und Grundbesitz, nicht einmal sehr viel, um Recht und Recht behalten. Aus heutiger Sicht frage ich mich: Was ist dies alles wert gewesen gegen das, was wir in diesem Streit verloren haben? Wie eng verbunden waren wir beide uns doch früher, wie solidarisch als Geschwister. Mir ist das Herz schwer, wenn ich daran denke, dass unsere alte Harmonie zerstört ist und dass es schnöde Geldfragen waren, die uns menschlich auseinander gebracht haben. Ich bin unendlich traurig darüber, denn ich vermisse dich, großer Bruder.

Lass es uns wieder versuchen und die Streitaxt begraben! Die Aggressionen und Verletzungen nach Mamas Tod haben wahrlich zu nichts Gutem geführt, sie haben in mir nur Schmerz, Ernüchterung und Trauer hinterlassen. Ich bin sicher, es wird dir ähnlich gehen. Lass uns auf das aufbauen, was wir uns bis vor drei Jahren waren: eine liebevolle, harmonische Familie. Mach mit, Manuel, und gib mir eine positive Antwort!

In Liebe

Sabrina

27. April 200X

Liebe Conny, lieber Arthur,

wir sind Geschwister und gehören demnach zur selben Familie. Das Wort Familie bedeutet Verwandtschaft und Zugehörigkeit zur »Sippe«, es bedeutet aber auch Vertrautheit und Nähe, Solidarität und liebende Zuwendung. Daran zu erinnern, mag vielleicht pathetisch klingen. Doch entspricht es meinem eigenen, tief empfundenen Familiensinn, den ich – womöglich zu selbstverständlich – bei allen anderen Gliedern unserer Familie in gleicher Weise vorausgesetzt habe.

Im Erbschaftsstreit nach dem Tode unserer Mutter musste ich nun feststellen, dass es um den Familiensinn zwischen uns Geschwistern offenkundig sehr unterschiedlich beschaffen ist. Bei jeder Erbschaft geht es um Werte, um Besitz, letztlich um Geld. Und die ernüchternde Einsicht, die ich gewinnen musste, ist die, dass das Interesse am materiellen Gewinn im Zweifelsfall die menschlichen Bindungen innerhalb einer Familie sprengen kann. Das nackte Interesse entpuppt sich plötzlich als stärkere Kraft als die humanen Kategorien von geschwisterlicher Zuneigung, Fürsorge und Gerechtigkeit.

Denn wo waren Zuneigung und Gerechtigkeit, als ihr nach dem Tode unserer Mutter auf einer strikten Dreiteilung des Erbes beharrtet, da kein schriftliches Testament vorlag? Welchen Stellenwert hatten noch die wiederholten Aussagen unserer Mutter, auch in eurer Gegenwart, zur von ihr gewollten Erbteilung? Welchen Stellenwert hatte es noch, dass ich allein von den Geschwistern mehr als 20 Jahre die Sorge für Mutter getragen habe, dass wir im selben Haus wohnten und sie Teil meiner Familie war, mit allem, was das auch an Last bedeutet? Ihr habt euch darauf beschränkt, Mutter einmal im Jahr zum Geburtstag zu besuchen, und es ansonsten Julia und mir überlassen, Sorge für sie zu tragen, auch und gerade in den letzten Jahren, als sie zum Pflegefall geworden war. Das alles scheint für euch vergessen und zählt nicht mehr in dem Augenblick, in dem es um die Verteilung von Besitztümern geht.

Mit meinem Brief appelliere ich ein letztes Mal an euch, einen Schritt zurückzugehen und euch zu besinnen. Besinnen auf die Gebote von Fairness und Verlässlichkeit, auf den Wert einer solidarischen familiären Bindung, aber auch auf das würdige Andenken unserer Mutter. Ich bitte euch noch einmal um eine Korrektur eurer Haltung in der Erbschaftsregelung, damit unsere Familie in Zukunft diesen Namen noch verdient. Solltet ihr euch gegen meine Wünsche und Erwartungen weiterhin hart zeigen und zu einer solchen Korrektur nicht bereit finden, wäre es für mich das unumstößliche Signal, dass ihr die familiären, geschwisterlichen Bindungen zwischen uns aufgekündigt habt.

Ich hoffe auf positive Nachricht!
In geschwisterlicher Zuneigung

Theo

22. Oktober 200X

Liebe Gabi,

der Tod unserer Mutter hat uns alle sehr getroffen, freilich dich in besonderer Weise. Du warst diejenige, die am Ort geblieben ist und sich die letzten schwierigen Jahre mit großer Aufopferung um Mutter gekümmert hat. Während wir aus der Ferne nur gelegentliche Besuche machen konnten, warst du jeden Tag bei Mutter, hast ihr die Alltagsarbeit abgenommen und sie durch ihre Krankheiten und schließlich im Sterben begleitet. Wir alle waren dir in all diesen Jahren dafür außerordentlich dankbar und haben deine Ausdauer und deinen hohen Einsatz bewundert.

Es steht daher für uns auch außer Frage, dass dir letztlich alles zusteht, was Mutter bei ihrem Tod hinterlassen hat. Dies ist sicherlich kein rechtlicher, aber ein moralischer Anspruch, den wir nicht weiter zu diskutieren brauchen. Dennoch sind wir ein wenig erstaunt darüber, dass du mittlerweile Mutters Wohnung leer geräumt hast, ohne mit uns darüber zu sprechen und ohne zu berücksichtigen, dass auch wir Geschwister womöglich das eine oder andere Erinnerungsstück besitzen möchten.

Versteh uns bitte recht – es geht hier nicht um den Geldwert von Einrichtung oder Schmuck, sondern nur um einen Erinnerungswert, den jeder von uns anders veranschlagen wird. Wir alle sind ja Mutter sehr zugetan gewesen, wir alle sind in der Wohnung aufgewachsen, in der sie bis zuletzt gewohnt hat, und für alle von uns gibt es bestimmte Dinge, die mit ganz persönlichen Erinnerungen verbunden sind und an denen unser Herz hängt. Sicherlich, die Wohnung musste aufgelöst werden, aber es wäre wünschenswert gewesen, dass sich alle Geschwister vorher zusammensetzen und über die Verteilung von Dingen mit hohem Gefühlswert sprechen.

Meinst du nicht auch, dass es für ein solches Gespräch noch nicht zu spät ist? Lass uns einvernehmlich zusammenkommen und darüber reden, was jeder von uns als Erinnerung an unsere Mutter und an unsere Kindheit an sich nimmt. Es wäre auch eine schöne Gelegenheit, noch einmal gemeinsam unserer Mutter zu gedenken und unsere Familienzusammengehörigkeit zu erleben. Was hältst du davon?

Wir hoffen auf deine Zustimmung.

Mit allen lieben Wünschen

Sigrid und Kerstin

Über Liebe und Zuneigung

Der einfachste, gleichwohl wunderschöne Liebesbrief besteht aus nur einem Satz: »Ich liebe dich!« Auf einen Zettel geschrieben oder auf den Rand der Zeitung am Morgen, auf den Arbeitstisch gelegt oder neben die Kaffeetasse, ist es eine Botschaft, die in ihrer Schlichtheit (fast) immer ankommt. Aber wessen Herz voll ist, der will auch andere gültige Worte für seine Gefühle finden.

So klar und machtvoll uns die Liebe und die Zuneigung erscheinen, die wir zu einer anderen Person verspüren, so schwierig ist es plötzlich, diese Gefühle in Worte zu fassen und auf Papier zu bringen. Manche misstrauen ihrer eigenen Sprachfähigkeit und flüchten sich in abgekupferte Bilder und Standardformeln, die Liebe nur behaupten, statt sie auszudrücken. Wie also »gelingt« ein Liebesbrief?

Viele Menschen haben Hemmungen, über ihre tiefsten, intimen Empfindungen zu sprechen oder sie gar schriftlich zu »dokumentieren«.

Wie Sie einen Liebesbrief schreiben

Zunächst sollten Sie sich über den Empfänger oder die Empfängerin sicher sein. Wenn Sie wissen, dass Sie ihm oder ihr ganz vertrauen können, dann können Sie auch Ihr Herz öffnen und freimütig über Ihre Gefühle schreiben. Dann brauchen Sie nicht zu befürchten, dass Ihre Offenheit missbraucht wird, selbst wenn Ihre Liebe nicht geteilt wird.

Schreiben Sie dann einfach los! Das ist zwar leichter gesagt als getan, aber es ist tatsächlich die Grundregel für die Kunst des Liebesbriefs. »Losschreiben« heißt: dem Strom der eigenen spontanen Gedanken und Gefühle zu folgen, so zu schreiben, wie man spricht, das aufzuschreiben, was man gerade empfindet. Liebesbriefe brauchen keine bestimmte Struktur, sie folgen keiner bestimmten Bauform. Sie sind in reiner Form einfach »Ausdruck«, wie regellos und chaotisch auch immer. Dafür brauchen Sie auch keine kostbare, gekünstelte Sprache, sondern nur die gewohnten Wörter des Alltags und die Bilder, die Ihnen beim Schreiben tatsächlich vor Augen stehen.

Schreiben Sie genau das, was Sie denken und fühlen – ohne großartig an den Formulierungen herumzufeilen.

Ein paar »Regeln« als Orientierungshilfe

Haben Sie keine Angst vor Übertreibungen oder ungewöhnlichen Bildern – Liebe darf alles, und Liebe versteht alles, selbst wenn Außenstehende darin nur Kitsch oder Kindereien erkennen können.

Ein Liebesbrief ist ja eine Botschaft, die ihren Empfänger auch erreichen soll. Der Brief soll ansprechen und überzeugen. Schreiben Sie daher nicht nur über sich und die eigenen Gefühle, sondern beschreiben Sie auch die Person, die Sie lieben. Machen Sie Ihr jede Menge Komplimente, und malen Sie in starken Farben aus, wie Sie sie erleben und was Sie an ihr schätzen und bewundern. Geben Sie dann auch etwas von sich preis, zeigen Sie sich schwach oder verletzlich, und signalisieren Sie damit: Ich gebe mich in deine Hand! Eine wichtige Regel sollten Sie übrigens unbedingt beachten: Liebesbriefe werden grundsätzlich mit der Hand geschrieben, und höchstens die kurze, schnelle Liebesbotschaft per E-Mail kann eine Ausnahme sein!

Wenn die Liebe in der Krise steckt

Einen Brief zu schreiben gibt immer auch Gelegenheit, für einen Moment innezuhalten und sich über die eigenen Gefühle bewusst zu werden.

Die Liebe erlebt Krisen – sie wird in Frage gestellt, sie wird nicht erwidert, sie wird betrogen, sie stirbt ab. Ein Liebesbrief in Zeiten der Krise wird zusätzliche Botschaften transportieren: Zeichen der Verzweiflung, der Verletztheit, den Wunsch, den Partner zurückzugewinnen. Spätestens dann aber sollte ein Brief nicht mehr nur unmittelbarer Ausdruck von Gefühlen sein, sondern durchaus mit Intelligenz und Strategie formuliert werden, um eine neue Perspektive für die Liebesbeziehung mit dem Partner zu eröffnen. Das gelingt nur, wenn Sie die andere Person nicht mit Vorwürfen und Bekundungen der Verzweiflung und Trauer bedrängen, sondern ihr gegenüber ein Stück weit Gefasstheit, Stärke und Souveränität dokumentieren. Auch wenn es in Zeiten krisenhafter Liebe schwer fällt: Betteln Sie um nichts, und machen Sie sich nicht klein in Ihren Gefühlen. Demonstrieren Sie aber Ihr fortbestehendes Interesse am anderen, und richten Sie die Perspektive auf glücklichere Tage und schöne gemeinsame Erlebnisse.

Liebesbriefe für unterschiedliche Situationen

Die Liebe zwischen Menschen durchläuft unterschiedliche Phasen. Sie reicht vom ersten Verlieben bis zur tiefen, vertrauten Liebe von Partnern, die miteinander alt geworden sind. In jeder Jahreszeit der Liebe können und sollten Liebesbriefe geschrieben werden – auch im Alter! In jeder Lebensphase wird ein solcher Brief aber andere Ausdrucksformen finden.

Lassen Sie sich nicht von anderen beirren, die Liebesbriefe altmodisch und albern finden. Wenn Sie Ihren Gefühlen Ausdruck geben wollen, dann sollten Sie dies tun. Sie können Ihren Liebesbrief ebenso in gereimter Form schreiben, so wenig kunstfertig Ihr persönliches Gedicht vielleicht auch sein mag! Das wird für den Adressaten oder die Adressatin keine Rolle spielen. Falls Sie keinerlei dichterische Ambitionen haben, suchen Sie sich ein schönes Gedicht in einschlägigen Werken heraus.

Die Liebe zwischen zwei Menschen offenbart sich in unzähligen Schattierungen: von den ersten zarten Anfängen bis zur gereiften Liebe.

Die folgenden Briefe beziehen sich auf verschiedene Phasen und Situationen der Liebe zwischen zwei Menschen. Noch einmal sei betont, dass es sich hier um Beispiele, nicht aber um Vorlagen handelt. Ein Liebesbrief ist schließlich die persönlichste Form einer schriftlichen Mitteilung und muss mit dem eigenen Herzton geschrieben werden! Das gilt für den Inhalt und die Wahl der Worte.

10. Mai 200X

Hallo Steffi,

es ist Samstagabend, ich sitze am Küchentisch, und ich fühle mich, na, ich weiß nicht wie … Eigentlich wollte ich ja mit ein paar Freunden ins Kino gehen und anschließend in den Ostclub, aber mir fehlt total die Lust, mich ins Nachtleben zu stürzen. Es sei denn, ich könnte dich an meiner Seite haben. Aber du bist an diesem Wochenende weit weg, und da schreibe ich dir jetzt und denke an dich in der Ferne. Weißt du, wie schön es ist, an dich zu denken? Ich stelle mir vor, wie klasse du jetzt aussiehst in deinem langen schwarzen Kleid und wie du eure Familienfeier durcheinander wirbelst mit deinem Temperament. Ich denke an dein wunderbares Lächeln.

Ach Steffi, kaum kenne ich dich acht Tage, und schon bin ich heillos verliebt in dich. Wie gerne wäre ich jetzt an deiner Seite oder hätte ich dich hier bei mir. Ich würde für dich kochen, und wir würden zur Feier unseres zweiten gemeinsamen Wochenendes einen superedlen Rotwein schlürfen.

In diesem Moment fühle ich mich ganz krank vor Sehnsucht nach dir und stehe selbst ein bisschen ratlos vor dem Ansturm meiner Gefühle. Ich habe mich offenbar bis über Scheitelhöhe in dich verliebt. Natürlich würde ich dich jetzt zu gerne fragen, ob es dir genauso geht. Ich wünsche mir ganz fest, dass es so ist, aber ich werde warten müssen auf deine Antwort. Mein Glück liegt ganz in deiner Hand, Steffi!

In Liebe, in Flammen,

Jannis

10. Februar 200X

Liebste Meike,

mein Arbeitstag heute war ein völliger Ausfall. Ich habe vor dem Computer gesessen und irgendetwas hineingehackt. Aber es war wertlos, denn ich war unkonzentriert und mit meinen Gedanken ganz woanders. Mein Kopf ist voll von dir und mein Herz nicht weniger. Ich bin total verliebt in dich, und alles, was ich denke und fühle, bist du. Schon der Gedanke an dich macht mich glücklich, und in meiner Vorstellung umarme ich deinen strahlenden Körper und küsse deine weichen Lippen. Ich durchlebe noch einmal diese wunderbare Nacht, die wir zusammen verbracht haben, und träume mich hinein in unsere nächste Begegnung, in der mir das alles von neuem geschenkt wird. Ich zähle die Sekunden, bis dieser Traum Wirklichkeit wird und wir uns wiedersehen.

Dein Patrick

7. März 200X

Mein Bastl,

wie viel du mir bedeutest, und wie viel du mir gibst! Du bist mir begegnet, und das hat mein Leben verändert. Du hast mich mit deinen sanften Augen angeschaut, und ich war gefangen. Ich hörte deine dunkle Stimme und wusste, dass ich bei dir geborgen sein kann. Du hast mich in deine starken Arme genommen, und ich war entflammt. Wir liebten uns zum ersten Mal, und ich wünschte, dass wir uns nie wieder trennen müssten. Du hast dich stark und selbstbewusst gezeigt, und ich war in der Lage, meine eigene Stärke zu entfalten. Du hast dich geöffnet und warst verletzlich, und ich konnte meine Krusten und Panzer abwerfen. Wir sind geschaffen füreinander, und wenn wir auch lange Zeit nichts voneinander wussten, so hat uns jetzt ein wunderbares Schicksal aus zwei Hälften zur Einheit zusammengefügt. Bastl, du meine zweite Hälfte, ich liebe dich!

Corinna

24. Juli 200X

Liebste Sabine,

mein Leben lang habe ich mich stark gefühlt, cool, unverletzbar. Auch in meinen Beziehungen bin ich auf Distanz geblieben und habe meinen Sicherheitsabstand bewahrt. Ich hatte eine Drachenhaut, und nichts und niemand hat sie durchstoßen. Bis ich dir begegnet bin. Schon unser erstes Gespräch hat etwas in mir in Bewegung gesetzt, was ich plötzlich nicht mehr unter Kontrolle hatte. Beim ersten Kuss hörte ich mein Herz pochen, das ich bisher für versteinert hielt. Nach einer Woche, in der ich dich nun kenne, ist das Eis abgeschmolzen, ist die Drachenhaut weich geworden, bin ich schutzlos in deinen Händen. Aber ich habe keine Angst davor, denn ich fühle mich getragen und behütet von einer Liebe, die so machtvoll ist, dass sie keinen Gedanken an Risiko und Gefährdung zulässt. Du hast den Drachen in mir getötet und mir gezeigt, wie schön und beglückend es ist, sich fallen zu lassen und dem Ansturm der Gefühle nachzugeben. Ich möchte weiter fallen, in enger Umarmung mit dir, ohne Sicherheitsnetz, als Liebespaar. Bist du bereit?

Dein Moritz

14. Mai 200X

Diana, meine Liebste,

gerade erst bist du aus dem Haus gegangen, und ich bin noch ganz erfüllt von dir. Wohin würde es mich treiben, wenn du nicht wärst? Du bist der Fixstern, an dem ich mein Leben orientiere. Du bist der Große Wagen, mit dem ich auf gemeinsamer Fahrt bin. Du bist das Nordlicht, dessen magische Feuer mich erfüllen und verzaubern. Wolkenlos scheint mir der Himmel, seit wir uns kennen, und die Sterne fallen mir zu wie die Taler im Märchen. Nichts schreckt mich mehr, selbst nicht die Kälte des Weltalls, denn ich habe dich gefunden und mit dir Wärme und Licht, das geheimnisvolle Flackern von Kassiopeia und die strahlende Schönheit der Venus. Du bist mein Stern in der Nacht und meine Sonne am Tag. Ich liebe dich!

Dein Bernie

18. September 200X

Mein Kater,

jetzt sind wir seit einem Jahr zusammen, und schon weiß ich kaum noch, wie mein Leben vorher gewesen ist. Es muss grau gewesen sein und dämmrig, mit tief hängenden schweren Wolken und vielen traurigen Sonntagen. Ich kannte dich ja noch nicht und wusste nicht, wie es ist, wenn ein Hurrikan in mein Leben einbricht und mich mitreißt in ein großes, berauschendes Abenteuer. Du bist der Sturm, der mich ergriffen hat. Du hast den Grauschleier aus meinem Himmel weggewischt und mich dorthin gebracht, wo Farben sind und Lebenslust. Wo nicht nur die Sonntage fröhlich und voller Liebe sind, sondern jeder Tag, jede Stunde und jede Minute. Wo das Leben ein Fest ist. Mit dir habe ich laufen gelernt und die Angst vorm Fliegen verloren. An deiner Seite klettere ich auf die höchsten Gipfel und schaue in eine Welt, die wunderschön ist.
Meine Liebe zu dir und deine Liebe zu mir bilden den Schlüssel zu einem Paradies, aus dem wir nicht mehr vertrieben werden können. Nichts wird uns hier fehlen, wenn wir nur zusammen sind. Und das wünsche ich mir nach diesem ersten gemeinsamen Jahr: mit dir zusammen zu bleiben, Hand in Hand, ein Leben lang!

In Liebe

deine Linga

24. November 200X

Hallo Marek,

jetzt drehe ich gerade den Freundschaftsring von dir und wünsche mir ganz fest, dass du mich genauso liebst wie ich dich. Seit ich dich kennen gelernt habe, bin ich total happy, so happy wie noch nie in meinem Leben. Du bist der Freund, von dem ich immer geträumt habe. Ich liebe dein Lachen und deine langen Augenwimpern, das Tattoo auf deinem Rücken und und und… In meinem Kopf dreht sich alles nur noch um dich. Den ganzen Tag schwebe ich einen Meter über dem Boden, und meine Mama macht sich lustig über mich, weil ich so total gut drauf bin und immer vor mich hin singe. Sie merkt natürlich, was mit mir los ist, alle merken das. Ich könnte aber auch die Welt umarmen. Marek, ich liebe dich unendlich, und ich möchte mit dir jeden Tag und jede Stunde meines Lebens verbringen. Jetzt zähle ich schon wieder die Minuten, bis wir uns heute sehen. Noch 244, 243… viel zu viel!

Ich hab dich lieb, tausend Küsse

Zoë

14. Januar 200X

Liebster Frieder,

morgens werde ich wach, und ich denke an dich. Nachts schlafe ich ein, und ich denke an dich. Ich träume von dir, ich höre deine Stimme. Wenn du mich morgens verlässt, bleibe ich noch im Bett, um die Wärme zu spüren, die du zurücklässt. Ich drücke meinen Kopf in dein Kissen, um deinen Geruch einzuatmen. Du begleitest mich durch den Tag, und ich finde überall Spuren von dir: im Schaufenster des Weinladens, wo dein Lieblingswein ausgestellt ist, im Profil eines Autofahrers, der neben mir vor der Ampel steht, im herben Duft deines Rasierwassers, der irgendwo im Kaufhaus an mir vorbeiweht. Ich bin restlos erobert von dir, und ich fühle mich dabei unendlich glücklich. Frieder, du bist meine Liebe, und du bist mein Leben. Ich wünsche mir nichts mehr, als mit dir zusammen zu sein, jeden Tag und jede Nacht. Lass uns gemeinsam die Welt aus den Angeln heben!

In Liebe

Margit

7. Mai 200X

Mein Schatz,

als wir unsere erste Nacht miteinander verbrachten, habe ich dich ein bisschen altmodisch gefragt, ob du das Bett mit mir teilen willst. Als wir unsere Haushalte zusammengeworfen haben, fragte ich dich, ob du Tisch und Bett mit mir teilst. Du hast jedes Mal ohne Zögern »Ja« gesagt und hast mich glücklich damit gemacht. In diesen letzten zwei Jahren ist aus unserer Verliebtheit eine echte, starke, unanfechtbare Liebe geworden. Ich liebe dich in einem Maße, wie ich es mir nie hätte träumen lassen. Du bist für mich wie eine Rose ohne Dornen und auch wie eine Orchidee mit betörendem Duft. Du bist weich und verführerisch, du bist zupackend und klug, und du verwirrst meine Sinne, wenn ich es am wenigsten erwarte. Mein Leben erhält seinen Rhythmus durch dich, meine Gefährtin und Geliebte. Ein anderes Leben als das gemeinsame mit dir kann ich mir nicht mehr vorstellen.

Ich möchte deshalb noch einmal eine Frage an dich richten, ein drittes Mal: Bist du bereit, mich zu heiraten? Es ist die Bitte um ein Zeugnis in aller Öffentlichkeit und vor aller Welt, um das symbolische Bekenntnis, unseren Lebensweg auf Dauer miteinander zu gehen und einen Bund fürs Leben zu schließen. Ich selbst bin mir ganz sicher, dass unsere Liebe reif ist für eine solche Entscheidung, und ich hoffe von ganzem Herzen, dass du auch dieses Mal meine Bitte nicht abschlagen wirst. Du bist meine Frau und meine große Liebe.

Mehmed

14. März 200X

Mein Liebster,

auf der Rückfahrt vom Flughafen heute Morgen wurde mir plötzlich bewusst, wie sehr ich dich vermissen werde, auch wenn du nur für ein paar Tage auf Reisen bist. Zu Hause habe ich mir dann lange ein Foto von dir angeschaut und ein großes warmes, inniges Gefühl gespürt. Nach all diesen vielen Jahren, die wir zusammen sind, nach Höhen und Tiefen unserer Ehe, nachdem auch die Kinder aus dem Haus sind, liebe ich dich immer noch von ganzem Herzen. Ich liebe dich fast schmerzhaft, und mir wird bewusst, wie sehr wir durch unser gemeinsames Leben zusammengewachsen sind. Die Zeit hat unserer Liebe nichts anhaben können, im Gegenteil, sie hat sie bereichert und vertieft. Dafür bin ich dir dankbar, und darüber bin ich unendlich glücklich, nicht weniger glücklich, als ich es am Tag unserer Hochzeit war.

In Liebe

Deine Maja

April 200X

Mein Spatz,

weißt du eigentlich, dass ich immer noch und immer wieder in dich verliebt bin? Dass ich dich manchmal anschaue und spüre, wie mein Herz sich öffnet und ich dich einfach umarmen muss? Es ist eine wunderbare Sache mit uns beiden. Eine Liebe auf den ersten Blick, die zu einer Liebe fürs Leben geworden ist, stark und fest und so solide gebaut, dass uns nichts und niemand auseinander bringen konnte. Wir haben uns in diesen vielen Jahren verändert, äußerlich und sicher auch innerlich. Aber wir haben es gemeinsam getan und in liebevoller Solidarität. Du warst und bist meine Idealfrau, das ist keine Frage von Falten oder grauen Haaren. Es ist eine Frage des Herzens, und dieses Herz ist dir zugetan wie in unseren ersten Zeiten. Meine größte Angst ist, dich zu verlieren; mein größtes Glück, mit dir zusammen zu sein. Ja, ich bin glücklich mit dir, und ich hoffe von ganzem Herzen, dass du es auch mit mir bist.

Dein liebender, liebestrunkener

Dieter

22. September 200X

Meine Liebe,

ich habe dich in meinem Traum gesehen, schön wie der Tag und sanft wie der Abend. Du hast mein Haar gestreichelt und mich angelächelt wie damals, als wir uns zum ersten Male sahen. Du warst sanft und klar, und wir wussten noch nicht, was Schmerz ist. Es war ein Traum, und er ist verflogen.

Wach geworden, weiß ich, dass wir in den Garten unserer unschuldigen Liebe nicht mehr zurückkehren werden. Ich verstehe, dass die Liebe in ihrer leichten, sorglosen Form nicht zu halten ist, sie ist uns entglitten. Aber ist deshalb auch alles verloren, was wir uns je waren? Gibt es nicht auch Liebe, die die Verletzung kennt und die Enttäuschung, die durch Tränen gegangen ist und sich im Nebel verlor? Die gelitten hat, angegriffen ist und sich doch am Ende als stärker erweist als alle Anfechtungen?

Lass uns versuchen, diese reife Form der Liebe zu leben, ohne zu vergessen, was war und was sich auch Liebende antun können. Ich selbst bin bereit zu einem neuen Anfang und wünsche mir sehr stark, dass du es auch bist. Lass uns zusammenkommen und miteinander reden. Wir sollten uns gegenüber sitzen, uns anschauen und darüber sprechen, ob es einen neuen Versuch geben kann!

Dein Martin

11. Juni 200X

Lieber Torsten,

bei meiner Fahrt nach Hause habe ich im Autoradio zufällig das alte Stück von BAP gehört, das einmal so etwas wie unsere Hymne war. Es hat mich traurig gemacht, aber es hat auch schöne Erinnerungen wachgerufen. Erinnerungen an unsere frühe Zeit, an unsere Verliebtheit und an unsere ersten Gehversuche in der Liebe. Mein Gott, wie schrecklich naiv wir waren, und doch so unbeschwert und glücklich! Natürlich sehne ich mich zurück nach diesem unschuldigen Glück, das so gar nichts wusste von Verletzungen und Demütigungen, von Untreue und Liebesverrat.

Ich sehne mich danach, die Zeit zurückzudrehen, und weiß doch, dass das nicht geht. Aber ich merke eben auch, dass ich dich trotz allem liebe und dass es so unendlich viel zwischen uns gibt, was uns verbindet. Ich meine nicht nur unsere gemeinsamen Erinnerungen an die Jahre, als wir uns kennen und lieben lernten und später heirateten, sondern ich denke auch an die vielen Aktivitäten, die wir begeistert geteilt haben, die Vorbereitungen auf unseren ersten Marathonlauf, das Trekking im Himalaja, unsere Tauchfahrten zum Roten Meer.

Das alles und viel, viel mehr hat unser gemeinsames Leben geprägt und das werde ich als wunderbare Lebenserfahrung bewahren. Ich bin sicher, dass ich diese Erfahrungen nur mit dir machen konnte, dass es sehr vieles gab und womöglich noch gibt, was uns gegenseitig anregte und uns Mut machte, Mut auch für das Ungewöhnliche.

Torsten, ich bitte dich, diese wunderbaren Dinge, die wir gemeinsam erlebt haben, nicht einfach hinter dir zu lassen. Sie zeigen doch, was zwischen uns möglich ist, auch wieder möglich sein könnte. Ich für meinen Teil habe mich entschieden, an diesem positiven Teil unserer gemeinsamen Erfahrungen anzusetzen. Ich bekenne mich zu meiner Liebe zu dir, und ich bitte dich um einen neuen Versuch, unsere Liebe zu leben. Gib uns die Zeit und die Chance auszuloten, was zwischen uns noch möglich ist!

In unveränderter Liebe

Myriam

VIA AEREA
PATO SERRUCHO
Mergus octosetaceus Vieillot
HUEMUL-Hippocamelus bisulcus (Molina)
$a 20
REPUBLICA ARGENTINA
REPUBLICA ARGENTINA
lena Brodnitz
Rep
mania
NAVIDAD 1984
$a 20
República Argentina

Über Freundschaft und Kontaktaufnahme

Das gewachsene Vertrauensverhältnis einer Freundschaft schafft eine Art von Nähe, die es wert ist, gepflegt zu werden. Eine Freundschaft anknüpfen, Probleme mit einem Freund bereden, eine Trennung vollziehen oder rückgängig machen – das sind Situationen, die zuallererst Thema eines Gesprächs sein sollten. Sie können aber auch zum Gegenstand eines Briefes werden, wenn das freundschaftliche Anliegen besonderes Gewicht und Nachdruck erhalten soll.
Darüber hinaus können Briefe Brücken bauen zu einem Menschen, den wir gar nicht oder nur flüchtig kennen. Einen ersten Kontakt anzuknüpfen mit einer Person, mit der wir gerne besser und näher bekannt wären, ist gar keine so leichte Aufgabe.

Vielleicht ist ein guter Freund nicht »das Schönste auf der Welt«, wie es einst Heinz Rühmann sang. Aber Freunde sind ein fester Bestandteil unseres Lebens, sie bereichern und stabilisieren es.

Briefe zwischen Freunden

Sie werden auf höchst individuelle, ganz persönliche Weise verfasst. Man schreibt an Freunde, wie man spricht und »wie einem der Schnabel gewachsen ist«, unter Verzicht auf Floskeln oder Formeln. Bei aller Vertrautheit zwischen Freunden sollte man allerdings nicht vergessen, dass der Anlass zu schreiben meistens eine besondere Sensibilität nahelegt. Es darf sich im Brief daher keine Wehleidigkeit und keine unfruchtbare Vorwurfshaltung ausdrücken. Orientieren Sie sich eher an klaren Zielen, machen Sie konstruktive Vorschläge, und suchen Sie Ihren Adressaten für Ihre Sichtweise zu gewinnen.

Stichworte für die inhaltliche Gestaltung

Schriftliche Äußerungen geben immer auch Gelegenheiten, den eigenen Gefühlen und Interessen im Monolog genau und mit allen

Nur im äußersten Falle sollte ein persönlicher Brief das Werkzeug sein, mit dem man Brücken hinter sich abreißt.

Schattierungen Ausdruck zu geben. Sie haben zudem den Charakter einer verbindlichen Botschaft, die der Empfänger nicht »überhören« kann. Sie können sich an folgenden Aspekten orientieren:

- Nette oder kühle Anrede, je nach Anliegen oder Stand der Freundschaft
- Vertrautheit aufbauen durch Aussagen zum freundschaftlichen Verhältnis, durch Erinnerungen usw.
- Gegebenenfalls Verweis auf »Werte« der Freundschaft, besondere Verbindlichkeit usw.
- Sachverhalt und Anliegen möglichst ohne zu starke Emotionen schildern
- Perspektiven benennen (positive wie negative)
- Bitte an den Empfänger zu reagieren, sich einverstanden zu erklären oder das Anliegen zu akzeptieren
- Netter oder kühler Gruß

Als beispielhaften Brief finden Sie hier:

- **Freundschaftsangebot – Seite 222**
- **Wiederaufnahme einer Bekanntschaft nach langer Zeit – Seite 223**
- **Missverständnisse ausräumen – Seite 224**
- **»Mehr als Freundschaft« – Seite 226**
- **Abstand auf Zeit – Seite 228**
- **Vorwürfe – Seite 230**
- **Aufkündigung einer Freundschaft – Seite 232**

In der Welt der Elektronik ist es eigentlich ganz einfach, einen Kontakt zu knüpfen. Wenn Ihnen allerdings jemand besonders am Herzen liegt, sollten Sie wieder ganz »altmodisch« einen persönlichen Brief schreiben.

Der Weg zur Kontaktaufnahme

Ein solches Schreiben stellt eine doppelte Anforderung an uns: Wir wissen wenig über den Empfänger und wollen doch sein Interesse wecken; wir schreiben über uns selbst und müssen einschätzen, bis zu welchem Grade und mit welchen Äußerungen wir uns einer unbekannten Person öffnen wollen.

Stichworte für die inhaltliche Gestaltung

- Neutrale, unaufdringliche Anrede
- Aussage, warum man den Kontakt aufnimmt: Was hat konkret angesprochen? Nennen Sie möglichst viele positive Aussagen
- Kurze Vorstellung der eigenen Person, in Stil und Inhalt zur Vorgabe passend
- Vorschlag, sich zu treffen
- Aussage zu den »Modalitäten« eines solchen Treffens
- Wunsch nach einer positiven Antwort und Gruß

Briefe beim ersten Kontakt

Wenn Sie auf eine Kontaktanzeige antworten, fühlen Sie sich offenkundig von diesen Vorgaben angesprochen, und Sie sollten in Ihren eigenen Aussagen und dem eigenen Ton darauf Bezug nehmen.

Typische Situationen, in denen man eine persönliche Beziehung in schriftlicher Form anknüpft, sind Antworten auf Kontaktanzeigen und Initiativen nach einer Zufallsbegegnung. Die leichtere Aufgabe stellen dabei Zuschriften auf Kontaktanzeigen dar. Hier hat der Adressat schon ausdrücklich sein Interesse an neuen Kontakten bekundet und Vorgaben darüber gemacht, wen oder was er sucht. Aufschlussreich ist ja nicht nur die Aussage einer Anzeige, sondern auch ihr Stil und die Wahl des Presseorgans, in dem sie veröffentlicht wurde.

Geht es dagegen um eine zufällige Begegnung, die Sie nicht mehr los lässt, so schreiben Sie eine Art persönliche Blindbewerbung. Im Mittelpunkt Ihres Briefes steht allerdings nicht die Erzählung über die eigene Person. Liefern Sie vielmehr eine farbige Beschreibung des faszinierenden Eindrucks, den die Adressatin oder der Adressat bei Ihnen hinterlassen hat. An Komplimenten sollten Sie dabei nicht sparen! Orientieren Sie sich an den Beispielbriefen zu folgenden Anlässen:

- **Kontaktaufnahme nach Zufallstreffen – Seite 234**
- **Antwort auf Kontaktanzeige – Seite 235**
- **Verabredung zum »Blind date« – Seite 236**
- **Antwort auf Kontaktanzeige – Seite 237**

19. Juli 200X

Liebe Karin,

hat es dir bei Nonis Party auch so gut gefallen wie mir? Schon lange habe ich nicht mehr so lange durchgehalten wie in dieser Nacht. Ich war auch am nächsten Tag noch ganz beschwingt und voll superguter Laune. Ein richtig gutes Fest, und das lag nicht zuletzt an dir. Denn du bist mir so offen entgegengekommen, und wir waren so schnell miteinander auf derselben Wellenlinie, dass ich das Gefühl hatte: Da ist mir jemand sehr vertraut und ganz nahe. Jemand, den ich doch vor diesem Abend noch gar nicht kannte und mit dem ich dennoch reden und lachen und fantasieren konnte, als ob wir uns seit hundert Jahren kennen würden. Ich habe mich den ganzen Abend ungeheuer wohl gefühlt mit dir zusammen, und ich hatte den Eindruck, dass es dir umgekehrt nicht anders ging. Sind wir womöglich »Seelenschwestern«? Wir sollten nicht die Chance verpassen, das auszutesten. Ich selbst habe zumindest den großen Wunsch, dich wiederzusehen und dich (noch) näher kennen zu lernen. Vielleicht stehen wir ja am Beginn einer wunderbaren Freundschaft... Was meinst du? Lass uns möglichst bald zusammenkommen und sehen, was wir aneinander haben.

Was hältst du von einer Runde Inline-Skating am kommenden Sonntag? Melde dich, wenn es dir passt!

Alles Liebe

deine Siggi

2. August 200X

Lieber Jochen,

lange ist es her, dass wir voneinander gehört haben. Noch länger ist es her, dass wir uns gesehen haben. Offenkundig sind wir dabei, uns aus den Augen zu verlieren. Was mich betrifft, würde ich das allerdings außerordentlich bedauern. In der letzten Zeit habe ich oft an dich gedacht. Mir ist bewusst geworden, wie sehr ich unsere wunderbaren langen Gespräche vermisse und die Offenheit, in der wir auch über sehr persönliche Dinge sprechen können. Ich würde mir sehr wünschen, dass wir unser Gespräch wieder aufnehmen und unserer Freundschaft einen neuen Schub geben. Was meinst du?

Falls es dir ähnlich geht wie mir, schlage ich ein Treffen noch in diesem Sommer vor, zum Beispiel am ersten September-Wochenende bei mir in Kempen. Oder auch bei dir, wenn dir das lieber ist. In jedem Fall: Melde dich!

Liebe Grüße

von Markus

16. Mai 200X

Liebe Heike,

gerade habe ich deinen Brief gelesen, und ich spüre darin eine Entfremdung, die mir wehtut. Wir sind ja lange genug befreundet, um auch unausgesprochene Dinge zwischen uns intuitiv zu verstehen. So sagst du in deinem Brief zwar nicht ausdrücklich, warum du zum dritten oder vierten Mal meine Einladung zu einem Besuch ausschlägst, doch glaube ich aus Andeutungen deine Motive zu erfassen. Aus ernsthafter Sorge um unsere Freundschaft möchte ich meine Vermutungen jetzt offen aussprechen, denn nur das gibt uns die Chance, den Weg zwischen uns wieder freizuräumen und zu unserer alten Vertrautheit zurückzufinden.

Also ich glaube, dass dein Abstandhalten mit meinem Mann zu tun hat und du meinst, er hat Schwierigkeiten mit dir oder mit unserer Freundschaft. Falls ich damit das Problem richtig sehe, kann ich dir nur versichern, dass es keinen, wirklich keinen Anlass zu einer solchen Vermutung gibt. Wolfgang hat unser Zusammentreffen im letzten Jahr mit sehr herzlichen Worten kommentiert. Er bringt dir offenkundig und ausdrücklich Sympathie entgegen, und jede Art von Eifersucht, Misstrauen oder Vorbehalt gegenüber meinen persönlichen Freundinnen und Freunden ist ihm vollkommen fremd.

Nun ist er freilich auch ein Mensch, der eine starke Vorliebe für Ironie und Sarkasmus hat und die zugespitzte Formulierung liebt. Wer Wolfgang nicht gut kennt, leidet oft darunter, bis er ihn dann besser kennen gelernt hat. Ich fürchte, dass auch du während deines Besuchs bei uns ein wenig zum Opfer seiner ironischen Lust und Laune geworden bist. Aber ich kann dich nur nachträglich bitten, dich davon nicht persönlich gekränkt zu fühlen. Wolfgangs spitze Zunge erprobt sich an jedem, vor allem aber an denen, die ihm sympathisch sind. Das ist vielleicht gewöhnungsbedürftig, aber es sollte kein Grund sein, ihm Aggressivität oder Feindschaft zu unterstellen und ihm aus dem Wege zu gehen.

Daher kann ich dich nur von Herzen bitten, Wolfgang als das zu sehen, was er eben ist: ein Spötter vor dem Herrn, der dennoch ein großes Herz besitzt und der dich mit Sicherheit nicht verletzen wollte. Gib ihm und uns eine Chance – lass uns wieder einmal zusammenkommen, ohne Vorbehalte und ohne Verkrampfungen, so nah wie früher. Was zählen schließlich solche Irritationen und Missverständnisse gegenüber unserer alten Freundschaft?

Schreib mir bald, wann du kommst!

Alles Liebe

deine Jenny

12. August 200X

Liebe Babs,

dieses Mal ist es keine Postkarte von Bali oder Formentera, die ich dir mit lieben Grüßen schicke, sondern – sage und schreibe! – ein Brief. Wenn ein schreibfauler Mensch wie ich sich zu solchen Taten aufschwingt, muss schon etwas ganz Großes auf dem Spiel stehen. Und das ist hier tatsächlich der Fall. Es ist etwas Großes und Schönes und Wichtiges für mich, und das will ich dir jetzt schreiben, auch deshalb, weil ich einfach nicht weiß, wie ich es dir in unserer üblichen Runde mit Carsten, Olli, Wally, Olga und all den anderen sagen sollte.

Babs, wie lange ist es her, dass wir uns kennen gelernt haben? Bereits fünf Jahre, sagt meine Erinnerung, damals im »Celsius«. Du warst noch zusammen mit Marius, und ich habe dich den ganzen Abend vollgelabert mit meinen Geschichten über David Bowie und die Kunst, eine Pop-Ikone zu werden.

Unser erstes Gespräch war in Wirklichkeit ein Monolog, aber das hat sich schnell geändert. Seit wir zur selben Clique gehören, haben wir viele wunderbare Gespräche geführt, witzige, ironische Wortgefechte, lange Diskussionen über Gott und die Welt. Gespräche unter Freunden, ein wenig intensiver aber als mit den anderen in unserer Gruppe. Selten haben wir dabei über uns gesprochen, noch seltener über unsere Gefühle. Und warum hätten wir es auch tun sollen? Über Gefühle redet man eigentlich erst dann, wenn es zu Verschiebungen im eigenen Gefühlshaushalt kommt und man sich darüber schmerzhaft oder glücklich bewusst wird.

Ich weiß nicht, wann es zu solchen Verschiebungen bei mir gekommen ist, ich weiß nur, wann ich mir darüber bewusst wurde. Es war bei der Geburtstagsparty von Matti, als du zu ziemlich später Stunde als Letzte und Einzige tanztest, ganz allein, ganz konzentriert auf dich selbst und zugleich völlig selbstvergessen. Ich habe dich angesehen, ohne dass du es wahrscheinlich bemerkt hast, und ich wusste in diesem Moment, dass ich in dich verliebt bin. Bis über beide Ohren in dich verliebt und ganz irritiert von der Frage, warum es fünf Jahre gebraucht hat, um sich darüber klar zu werden. Babs, ich bin verliebt in dich, und ich bin es auf eine so wunderbar starke Weise, wie es vielleicht nur sein kann, wenn man bereits sehr vertraut miteinander ist. Das ist kein naives Sichverknallen, sondern ein großer, warmer Gefühlsstrom, und ich wünsche mir natürlich, dass nicht nur ich, sondern dass wir beide von ihm getragen werden.

Mir bleibt nichts anderes, als dir mein Herz zu öffnen und zu hoffen, dass es für mich eine Chance in deinem Herzen gibt. Ich wünsche mir eine Liebesbeziehung mit dir. Ich kann es nur so ungeschützt sagen und baue dabei auf eben das, was uns seit fünf Jahren verbindet: unsere gute Freundschaft, die uns in jedem Fall erhalten bleiben soll. Gibt es ein positives Signal von dir?

Liebe Grüße

Henner

24. Oktober 200X

Liebe Eva,

manchmal finde ich es fast atemberaubend, wie sehr wir beide aufeinander eingestimmt sind, wie gleichartig wir empfinden und wie gering der Widerstand gegeneinander ist. Du sprichst mir fast immer aus dem Herzen, und ich sehe mich in dir wie in einem Spiegel. Unsere Freundschaft ist eine Art Symbiose, mit allen guten, aber auch einigen problematischen Zügen, die eine so enge Verbindung hat.

In der letzten Zeit hatte ich oft den Eindruck, dass wir beide uns in unseren aktuellen Frustrationen keine wirkliche Hilfe sind, sondern unsere schwarze, negative Stimmung noch wechselseitig verstärken. Die Frage ist längst nicht mehr, wie man den anderen aufmuntert oder tröstet, sondern eher, wie man sich noch weiter nach unten zieht. Wir hocken ja zusammen wie zwei Klageweiber, die sich gegenseitig in ihrem schrillen Trauergesang übertönen. Das Bild ist etwas ungerecht, aber es trifft den Kern des Problems. Ich glaube, wir tun uns im Moment nicht gut, sondern verstärken jeweils im anderen die Tendenz zum unfruchtbaren Leiden an der Welt.

Ich möchte dir daher einen Vorschlag machen, der radikal ist und wehtut, der aber wohl unumgänglich ist, wenn wir uns selbst aus dem Sumpf ziehen wollen. Lass uns eine Zeit lang bewusst auf Abstand gehen und auf unsere Treffen und Gespräche konsequent verzichten, vielleicht für drei Monate. Wir sollten in dieser Zeit versuchen, unabhängig voneinander wieder Boden unter den Füßen zu gewinnen und »good vibrations«

zu tanken. Ich glaube wirklich, dass wir diesen »Urlaub« voneinander brauchen, um unsere Selbstblockade aufzulösen. Zudem bin ich mir unserer Freundschaft so sicher, dass ich überhaupt keinen Zweifel daran habe, dass sie diese Belastung aushält. Kann sich Freundschaft am Ende nicht auch darin beweisen, dass man für eine bestimmte Zeitspanne Abstand voneinander hält, wenn es die Situation erfordert? Bist du bereit, mit mir diesen Versuch zu machen?

Ich hoffe sehr, dass du meine Überlegungen teilen wirst. Bitte antworte mir bald.

Alles Liebe

Judith

27. November 200X

Lieber Alberto,

wir sind Freunde, denke ich. Zumindest ich habe dich immer als meinen Freund betrachtet und habe niemals daran gezweifelt, dass es umgekehrt ebenso ist. Unsere Freundschaft ist mir wichtig, und gerade weil das so ist, schreibe ich dir diesen Brief, der mir nicht leicht fällt.

Als meinem Freund habe ich dir immer offen und vertrauensvoll erzählt, was mir auf der Seele lag, meine Probleme ebenso wie meine Sünden. Dass das immer nur für deine Ohren bestimmt war und im Vertrauen erzählt wurde, versteht sich von selbst. Freunde sind loyal zueinander und wissen gewöhnlich, worüber sie im Interesse des anderen zu schweigen haben. Sie sollten es vor allem dann wissen, wenn sie ausdrücklich um Diskretion gebeten werden.

Nun habe ich dir vor etwa zwei Wochen im Vertrauen von einer Affäre erzählt, die so heikel ist, dass sie auf gar keinen Fall bekannt werden durfte. Du aber hast tatsächlich nichts Besseres zu tun gehabt, als sie gleich am folgenden Tag ausgerechnet F. zu erzählen, der sie dann sensationslüstern endgültig publik gemacht hat.

Muss ich dir sagen, welchen Staub das aufgewirbelt hat und wie viel Ärger du mir damit eingebrockt hast? Kannst du dir vorstellen, gegen was und wen ich mich zur Zeit verteidigen muss? Dein Vertrauensbruch hat fürchterliche Folgen für mich, und ich bin maßlos verärgert.

Ich bitte dich ausdrücklich um einen Kommentar zu deinem Verhalten. Meine eigene Bewertung habe ich ja unmissverständlich zum Ausdruck gebracht. Aber mich interessiert, welcher Teufel dich da eigentlich geritten hat und wie du das mit deiner Vorstellung von Freundschaft in Einklang bringst.

Auch wenn du unser Verhältnis auf eine schwere Probe gestellt hast, möchte ich dich nicht als Freund verlieren. Ich bitte dich also um ein verbindliches Zeichen, um verlorenes Vertrauen zurückzugewinnen.

Sei gegrüßt

Ingo

12. März 200X

Lieber Michael,

es gibt schöne Leitbilder für Freundschaft: Freunde gehen durch dick und dünn, sie stehen sich zur Seite, auch wenn die ganze Welt zusammenfällt. Es gibt natürlich auch pessimistische Aussagen: In Zeiten der Not gehen demnach hundert Freunde auf ein Lot. Welche Sicht ist die richtige? In diesen Tagen bin ich gezwungenermaßen zu der Einsicht gekommen, dass es wohl die pessimistische ist. Dein letzter Brief hat mich endgültig darin bestärkt.

Meine Bitte an dich um finanzielle Hilfe hatte existenzielle Bedeutung für mich, wie du weißt. Es geht ja nicht um einen kurzzeitigen Engpass von geringer Bedeutung, sondern es geht tatsächlich um meine berufliche Existenz, letztlich um alles, was für mich zählt und worauf ich meine Zukunft aufbaue. Du kennst mich lange genug, um zu wissen, dass ich eine solche Bitte nicht leichtfertig an dich richte. Wenn ich es aber tue, wenn ich mich dazu durchringe, unsere Freundschaft mit einem solchen Anliegen zu belasten, müsste dir klar sein, um was es für mich geht und wie mir das Wasser bis zum Halse steht. Deine Antwort aber ist ein klares Nein, hinterlegt mit einer Begründung, die für mich ausgesprochen zynisch klingt. Denn du verweigerst mir deine Hilfe ja nicht, weil du finanziell nicht dazu in der Lage wärst, davon kann keine Rede sein, sondern aus »pädagogischen Erwägungen«. Das ist angesichts meiner Situation wahrlich eine zynische, kaltschnäuzige und äußerst gefühllose Reaktion. Dem Ertrinkenden wird von seinem Freund am Ufer nicht geholfen, sondern er erhält den Ratschlag, er solle doch beim nächsten Mal das Schwimmenlernen nicht vergessen!

Deine Reaktion ist in jeder Hinsicht ernüchternd für mich. Sie belässt mich in meiner miserablen Situation, sie belegt aber auch, dass ich mir über die Art unseres Verhältnisses Illusionen gemacht habe. Es hat sich offenkundig nicht um eine Freundschaft gehandelt, die diesen Namen verdient. Oder es war eine Freundschaft für die guten Zeiten, nicht aber für jede Jahreszeit. Wie auch immer: Ich sehe, dass ich mich in dir geirrt habe und dass mein tiefes freundschaftliches Gefühl zu dir nicht erwidert wird. Ich bin traurig darüber, doch lässt sich Freundschaft leider nicht einfordern. Mit diesem Brief ist unser Kontakt daher beendet.

Viele Grüße

Dennis

4. April 200X

Lieber Andreas Mercker,

ja, ich war indiskret und habe Ihre Adresse ausfindig gemacht. Es gibt ja immer eine Kollegin oder einen Kollegen, der die richtigen Informationsquellen anbohren kann. Ich war indiskret – aber was hätte ich sonst tun sollen, um Sie wieder zu sehen? Denn das möchte ich gerne, sehr gerne sogar, nachdem ein glücklicher Zufall uns bei dem Landesvertretertag am vergangenen Wochenende zu Sitznachbarn gemacht hat. Ich bekenne: Ich war fasziniert und habe Ihren Charme und den warmen Klang Ihrer Stimme wie einen Champagner-Kick mit in die Woche genommen. Die Wirkung ist auch jetzt immer noch spürbar und bestärkt mich in dem Mut, Ihnen ein zweites Treffen vorzuschlagen. Sind Sie offen für eine Begegnung, wo und wann auch immer?

Ich hoffe auf eine Antwort, als Brief, als E-Mail oder mit dem Medium Ihrer wunderbaren Stimme über Telefon!

Ihre

Corinna Buhrmann

21. Juni 200X

Lieber X,

deine Anzeige im Märkischen Kreisanzeiger hat mich spontan angesprochen. Du schreibst so natürlich und klar von deinem Wunsch nach Partnerschaft, nach einem Heim und nach Kindern, dass es mich drängt, dir zu antworten. Denn auch ich suche einen Partner, der mit mir eine Familie gründet und der Sinn für Ruhe und Geborgenheit, für Warmherzigkeit und Verlässlichkeit hat. Ich suche seit langem nach einem Mann, der diese Eigenschaften verkörpert und zu einer dauerhaften, harmonischen Bindung bereit ist – bislang vergeblich.

Meine Ansprüche sind hoch, was menschliche Werte bei meinem Wunschpartner betrifft, sie sind niedrig, was Geld und Statussymbole angeht. Ich selbst lebe in eher bescheidenen Verhältnissen als Kindergärtnerin. Ich bin 28 Jahre alt, sehe aber deutlich jünger aus und bin nach Meinung aller Freundinnen und Freunde attraktiv. Aber das kannst du am besten selbst nach meinem beiliegenden Foto beurteilen. Meine besondere Liebe gilt den Bergen, wo ich gerne lange Wanderungen mache, und der Fotografie. Die Abende verbringe ich am liebsten zu Hause, mit einem spannenden Buch oder mit Freunden beim Essen. Vielleicht ergibt das schon ein Bild für dich, das dich hoffentlich genauso anspricht, wie mich deine Anzeige berührt hat. Wenn es so ist, freue ich mich auf ein erstes Treffen, bei dem wir uns besser kennen lernen können.

Liebe Grüße

Annika Mathreis

1. September 200X

Lieber Massimo,

deine Antwort auf meine Anzeige ist so rätselhaft und anspielungsreich, dass ich ganz neugierig geworden bin auf die Person, die dahinter steckt. Was ist das wirklich für ein Mann, und was wird uns beide anziehen – oder abstoßen? Ich möchte es gerne genauer wissen und schlage dir deshalb ein Treffen vor, auf neutralem Boden, in der »Havanna Bar« in Dortmund. Vorgeschlagener Termin: Samstag, der 18. September, 20 Uhr.

Und wie erkennen wir uns? Ich werde einfach eine »Frankfurter Rundschau« unter dem Arm tragen. Und wenn du fairerweise auch mir eine Chance geben willst, dich zu erkennen, mach es bitte genauso.

Falls bei mir etwas dazwischenkommen sollte (was ich allerdings nicht annehme), werde ich dich unter deiner Adresse benachrichtigen. Falls du nicht kommen willst oder kannst, schreib mir doch bitte eine E-Mail an die Adresse alias@bol.de.

Ich bin gespannt!

Liebe Grüße

Joana

25. September 200X

Liebe Unbekannte,

Ihr Menüvorschlag für ein gemeinsames Leben hat mir am besten von allen Anzeigen in der ZEIT gefallen. Ich möchte Ihnen daher meinen Beitrag schmackhaft machen, um aus einem Dinner for one ein Dinner for two zu machen.
Zunächst einmal: Ich bin ein erfahrener Genießer, mit meinen 56 Jahren vielfältig geschmacks-gebildet, mit umfassender Erfahrung in guter Küche, erlesenen Weinen und im richtigen Einsatz der Gewürze, mit dem sicheren Gespür für das Quäntchen Salz oder den Spritzer Tabasco, der dem gemeinsamen kulinarischen Erleben die finale Perfektion bringt.

Was ich mitbringe, ist ein stabiler finanzieller Unterbau, erwirtschaftet durch meine unternehmerische Tätigkeit im Baugewerbe. Dazu gehört ein repräsentativer Rahmen, den meine großzügige Stadtvilla im Grünen bietet. Das alles ist ordentlich abgeschmeckt mit Humor und Intelligenz, mit Stil, Weltgewandtheit und mit dem altersgerechten, gleichwohl ansehnlichen Aussehen eines groß gewachsenen, schlanken und sportlichen Mannes (184, 76).

Es scheint mir, als könnten wir gemeinsam ein strahlendes Gästepaar an jeder gedeckten Tafel dieser Welt abgeben. Wir sollten es testen. Meine Vorschlagsliste für ein Treffen in angemessener, tafelfreudiger Umgebung ist lang. Sie müssten nur noch zustimmen und mir Name, Adresse und Terminvorschlag übermitteln.
Mit den besten Grüßen

Paul-Hermann Zacher

Der Autor

Dr. Eberhard Heuel unterrichtete als Dozent für deutsche Sprache und Literatur an Schulen, Volkshochschulen und Universitäten. Er leitete eine große Zahl von Seminaren und Workshops zur Stilkunde und zum schriftlichen Ausdruck. Sein aktueller Arbeitsschwerpunkt liegt in der Entwicklung moderner Weiterbildungsmedien an der Fernuniversität Hagen.

Bildnachweis

Image Bank Bildagentur GmbH, München: 2 (Redfearn), 10 (Adrien Duey), 26 (Steve Niedorf); Mauritius Die Bildagentur GmbH, Mittenwald: 108 (Pöhlmann), 148 (Benelux Press), 218 (Sening); Tony Stone Associates GmbH, München: 52 (Andrew Hall), 72 (Tony Hutchings), 94 (Ross Anania), 130 (Andy Whale), 174 (Shaun Egan), 200 (Lee Page).

Literatur

Eberhard Heuel: Der gute Brief zu Hause und im Büro
© Weltbild Buchverlag. Augsburg 1998

Impressum

Weltbild Buchverlag, Augsburg

3. Auflage 2000

Redaktion: Michaela Mohr, Augsburg
Bildredaktion: Susanne Allende
Konzeption von Umschlag und Layout: Paxmann/Teutsch Buchprojekte, München
Realisation: Lydia Koch, Augsburg
DTP/Satz: AVAK Publikationsdesign, München
Reproduktion: Repro Mayr, Donauwörth
Druck und Bindung: Offizin Andersen Nexö – ein Betrieb der INTERDRUCK Graphischer Großbetrieb GmbH, Leipzig

Gedruckt auf chlorfrei gebleichtem Papier

Printed in Germany

ISBN 3-89604-392-7

Alle Briefe von A bis Z